Ostara

Eostre Eostar

Fakten, Annahmen,
Vermutungen, Spekulationen,
Mutmaßungen und Unsinn

GardenStone

Bibliografische Information der Deutschen Nationalbibliothek:
Die Deutsche Nationalbibliothek verzeichnet diese Publikation
in der Deutschen Nationalbibliografie; detaillierte bibliografische Daten sind im Internet über http://dnb.d-nb.de abrufbar.

Endlektorat: Hannelore Goos
Umschlag: GardenStone

Herstellung und Verlag:
BoD – Books on Demand, Norderstedt
ISBN 978-3-7386-2190-7

Inhaltsverzeichnis

Vorwort

In diesem Aufsatz erklärt sich der Autor nicht für oder gegen die Existenz einer Göttin Ostara, Eostre oder Eostar; das wäre in erster Linie eine religiöse Position. Und eine religiöse Ansicht über eine solche Göttin braucht nicht unbedingt die hier angebotenen Informationen.

Hier werden „nur" die Ergebnisse historischer, mythologischer, volkskundlicher, literarischer und sprachwissenschaftlicher Forschung bezüglich Eostre/Ostara/Eostar (in dieser oder einer anderen Schreibweise) präsentiert.

Über Eostre und Ostara wurden durchaus schon viele Beiträge verfasst. In Büchern, Artikeln und auf Webseiten kann eine Menge über eine Göttin diesen Namens gefunden werden. Der aufmerksam Suchende wird aber schnell bemerken, dass sehr viele Autoren den Großteil ihrer Informationen von anderen zeitgenössischen „Kollegen" übernommen haben – vor allem im Internet ist dies leider schon fast zur ständigen Gewohnheit geworden.

Die vorliegende Abhandlung ist nun eine weitere Ausarbeitung über Eostre und Ostara. Dabei enthält sie mehr über Ostara, das Pendant Eostres auf dem europäischen Festland, einfach wegen des großen Unterschieds in der Menge der gefundenen alten Textstellen.

Es wurden Quellen von unterschiedlicher Qualität verwendet, einige von ihnen ziemlich stark umstritten hinsichtlich ihrer Zuverlässigkeit und Gültigkeit. Das ist ein wichtiger Grund, alle hier zusammengetragenen Informationen nicht ohne Weiteres für richtig, wahr oder gültig zu akzeptieren. Damit zusammenhängend gilt es die gebräuchliche Haltung abzulegen, fast selbstverständlich Zitate aus bekannten und berühmten Quellen als vertrauenswürdig anzusehen – das ist keine empfehlenswerte Gewohnheit!

Ähnlich gilt das für eine generelle vertrauensvolle Haltung gegenüber allseits bekannten Forschern oder Autoren. Nur weil ein Beda, ein Grimm, ein Einhard usw. dies oder das schrieben, bedeutet das nicht automatisch, dass sie damit Recht haben.

In nahezu allen Fällen können ihre Quellen oder Absichten nicht mehr überprüft werden und ihre Vorgehensweisen bei der Herleitung ihrer Erkenntnisse entsprechen nicht den modernen Methoden von Forschung und Wissenschaft. Die aktuelle Gültigkeit der entsprechenden Werke von fast allen dieser „Klassiker" ist inzwischen mehrfach von einer ganzen Reihe Sachkundiger wissenschaftlich ausführlich und tiefgehend diskutiert. Zu ihren Lebzeiten waren diese Männer zweifellos hervorragende Wissenschaftler, aber im Laufe der Zeit änderten sich die wissenschaftlichen Standards aufgrund weiterer Forschung und Entwicklung auf vielen Gebieten. Quellen, die Beda oder Grimm als zuverlässig angesehen haben mögen, haben sich heutzutage nicht als solche erwiesen, viele werden aktuell höchstens noch als obskur bezeichnet. Ähnlich werden Standards der wissenschaftlichen Forschung und Methodik, die in früheren Zeiten anstandslos als korrekt gesehen wurden, heute nicht mehr als gültig akzeptiert.

Daher sollten diese „alten Kamellen" kritisch und mit Zurückhaltung betrachtet werden und ähnlich soll dieser Beitrag betrachtet werden. Ergänzend dazu sollte der Untertitel des Buches noch einmal gelesen werden; es wäre eine gute Übung, dann die verschiedenen Abschnitte den entsprechenden Kategorien zuzuordnen.

Modernere Beiträge zum Thema, die nach Meinung des Autors eindeutig zu den Kategorien New Age, Esoterik, Religionspraxis oder Fantasy gehören, wurden ignoriert.

Aufgrund der Forschung für diesen Beitrag stammt die älteste gefundene Erwähnung einer Göttin ‚Ostara' aus dem 15. Jahrhundert. Das bedeutet nicht, dass sie nicht in älteren Quellen genannt worden sein kann, es bedeutet nur, dass innerhalb der Zeit, die für dieses kleine Projekt vorgesehen war, keine solchen Textstellen gefunden wurden.

Als abschließende Bemerkung wird eingeräumt, dass der Autor es sich an einigen Stellen bequem gemacht hat; wenn es sich um Zusammenhänge handelt, über die er schon in anderen Veröffentlichungen geschrieben hat, wurden entsprechende Abschnitte daraus einfach übernommen, statt das Gleiche mit anderen Worte wiederzugeben.

GardenStone,
Usingen Frühjahr/Sommer 2015

Eostre – Ostara: "The Dawn Bringer" von Pollyanna Jones

Standardquellen und Etymologie

Beda Venerabilis und Eostre

Tatsächlich, fast immer, wenn über die Göttin Eostre gesprochen oder diskutiert wird, beginnt es mit der ‚Beda-Referenz'. Das ist aber nicht wirklich eine Überraschung, weil der Name der Göttin Eostre zum ersten Mal von dem englischen Mönch, Historiker und Autor Beda, 672/673-735, (Beda Venerabilis, Beda der Ehrwürdige, Sankt Beda) aufgezeichnet wurde. Er schrieb im 8. Jahrhundert sein lateinisches Werk „DE TEMPORUM RATIONE" (Über die Zeitrechnung); im Kapitel 15 dieser Arbeit, in dem er unter anderem diese Göttin behandelt, heißt es:

Die alten Stämme der Angelsachsen – denn es schien unpassend für mich, dass ich über die Unterteilung des Jahres bei anderen Völkern spreche, mich jedoch über die Sitten meines eigenen Volkes ausschweige – hatten ihre Monate vom Lauf des Mondes hergeleitet. In Analogie zu den Gepflogenheiten der Römer und Griechen, erhielten [die Monate] ihren Namen vom Mond, denn Mond heißt mona und der Monat monath.

Der erste Monat, den die Lateiner Januar nennen, heißt Giuli; Februar heißt Solmonath, März Hrethmonath, April Eosturmonath, Mai Thrimilchi, Juni Litha, Juli gleichfalls Litha; August Weodmonath, September Halegmonath, Oktober Winterfilleth, November Blotmonath;

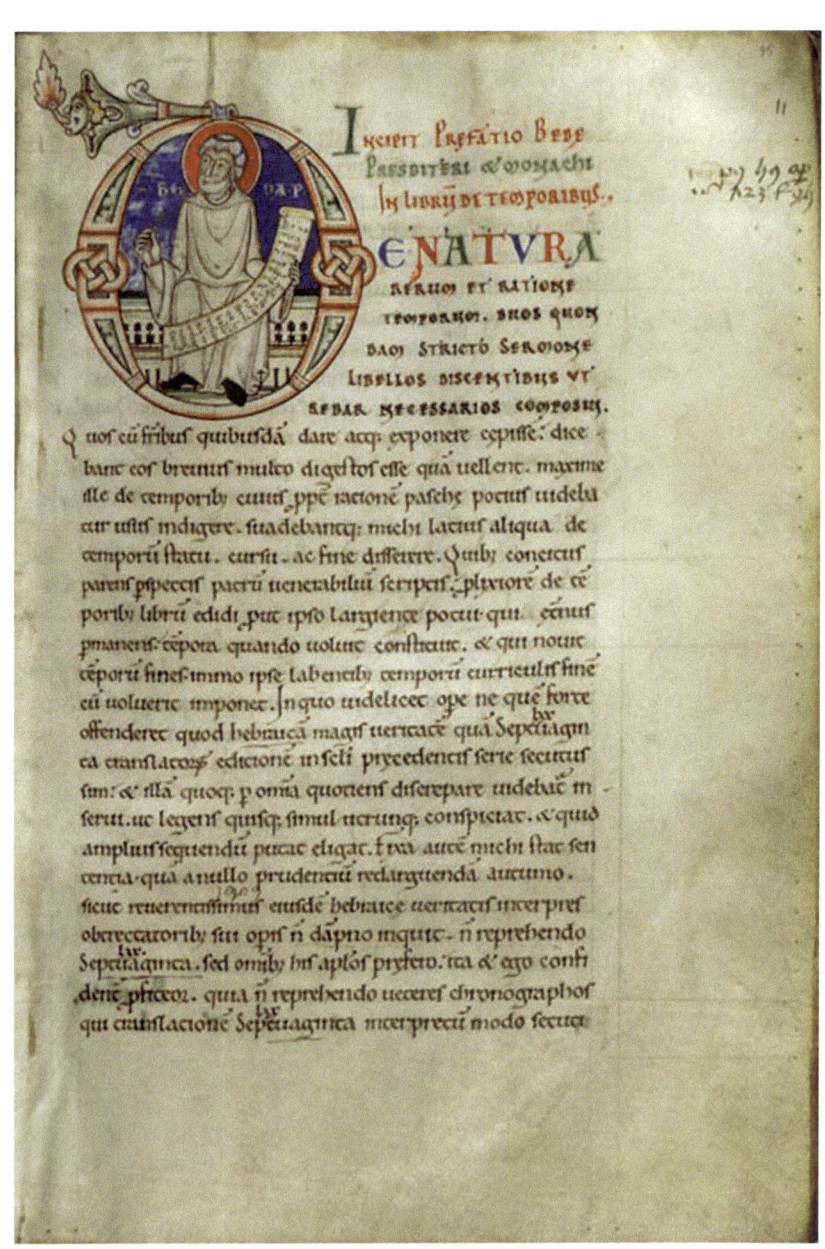

Incipit Prefatio Bede Presbiteri et monachi In libris de temporibus.

DE NATURA rerum et ratione temporum duos quondam stricto sermone libellos discentibus ut rebar necessarios composui.

Quos cum fratribus quibusdam dare ac exponere coepisse: dicebant eos breuius multo digestos esse quam uellent. maxime ille de temporibus cuius propter rationem paschae potuit uideli cur utilis indigere. suadebantque: michi latius aliqua de temporum statu. cursu. ac fine disserere. Quibus conatus parens perspectis patrum uenerabilium scriptis. pleniore de te poribus librum edidi. put ipso largiente potui qui etiui permanens tempora quando uoluit constituit. & qui notuit teporu fines. immo ipse labentibus temporu curriculis fine cu uoluerit imponet. In quo uidelicet opere ne quae forte offenderet quod hebraica magis ueritate quam Septuagin ta translatorum editione in seculi praecedentis serie secutus sim: & illa quoque per omnia quotiens discrepare uidebant in serui. ut legens quisque simul utrunque conspiciat. & quid amplius sequendum putat eligat. Erra autem michi stat sen tentia. quam a nullo prudentium redarguenda autumno. sicut reuerentissimus eiusdem hebraicae ueritatis incerpres obtrectatoribus sui opis non damno inquit. non reprehendo Septuaginta. sed omnibus his aptos praefero. ita & ego confi denter profiteor. quia non reprehendo ueteres chronographos qui translatione Septuaginta incerpreti modo secuti

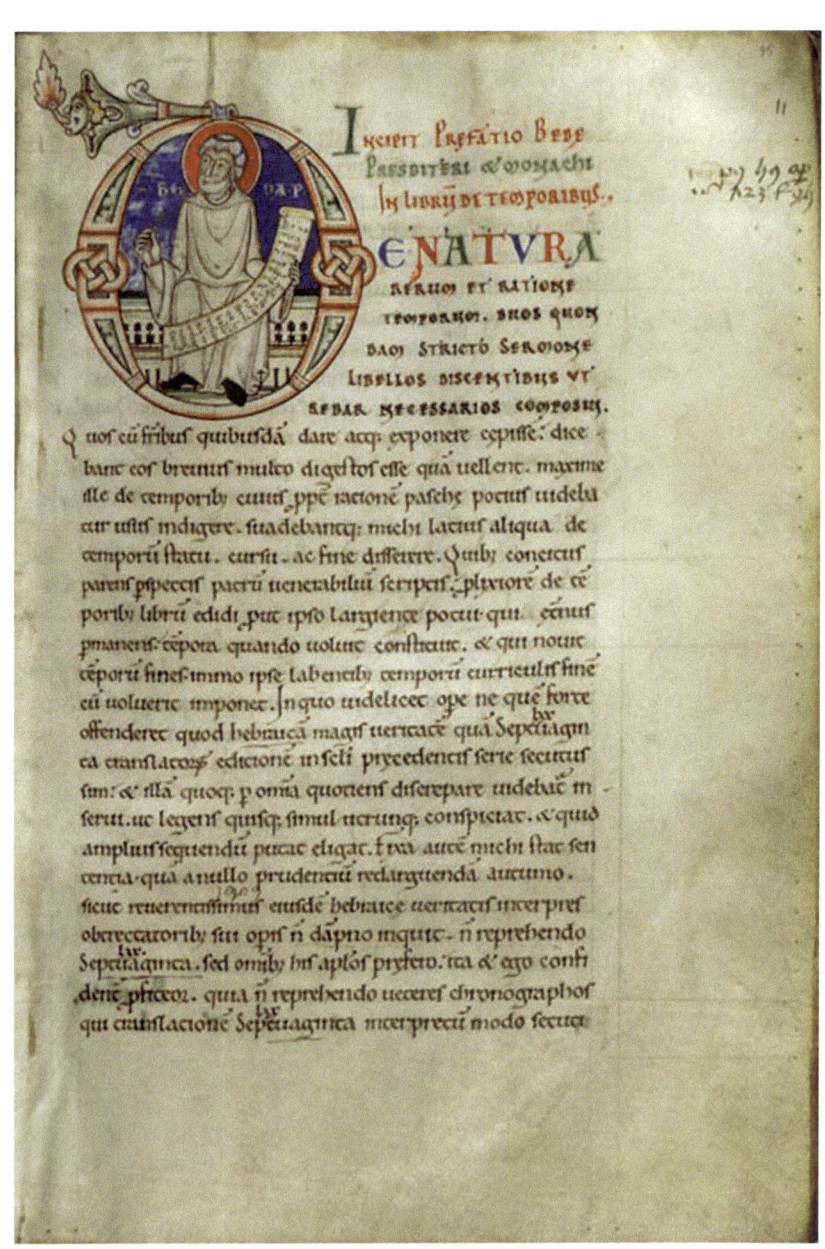

„De temporum Ratione", Eröffnungsseite

Dezember Giuli, in gleicher Weise, wie auch der Januar bezeichnet wird. Sie begannen das Jahr am 8. Tag vor Beginn des Januars, wenn wir die Geburt des Herrn feiern. Diese Nacht der Nächte, die uns so heilig ist, wird von ihnen mit dem heidnischen Namen Modranecht bezeichnet, was „Mütternacht" bedeutet, wahrscheinlich wegen der Zeremonien, die sie (wie wir vermuten) die ganze Nacht hindurch durchführten.

Wann immer ein normales Jahr war, gab es drei Mondmonate zu jeder Jahreszeit. Wenn jedoch ein Schaltjahr (das heißt, ein Jahr von 13 Mondmonaten) war, wiesen sie den zusätzlichen Monat dem Sommer zu, so dass insgesamt drei Monate den Namen Litha trugen. Aus diesem Grunde nannten sie diese Schaltjahre Thrilithi. So hatte ein solches Schaltjahr vier Sommermonate, bei den üblichen drei Monaten für die anderen drei Jahreszeiten. Aber ursprünglich teilten sie jedoch das Jahr als Ganzes in zwei Jahreszeiten, Sommer und Winter. Die sechs Monate, in denen die Tage länger sind als die Nächte ordneten sie dem Sommer zu, und die anderen sechs [in denen die Nächte länger sind als die Tage] dem Winter. Daher nannten sie den Monat, in dem die Winterzeit begann Winterfilleth, ein Name, der sich aus „Winter-" und „Vollmond" zusammensetzt, da der Winter mit dem Vollmond dieses Monats begann. Nun ist es eigentlich unerheblich, ob wir uns die Mühe machen, die Namen der anderen

Monate zu übersetzen... Die Monate Giuli leiten ihren Namen von dem Tag ab, an dem die Sonne (im Winter) wendet und sich wieder zu erheben beginnt, denn einer dieser Monate geht diesem Tag voran und der andere folgt diesem Tag.

Der Solmonath kann auch als „Monat der Kuchen" betitelt werden, nach den Kuchen, die sie ihren Göttern in diesem Monat anboten. Der Hrethmonath ist nach ihrer Göttin Hretha benannt, der sie in dieser Zeit opferten. Der **Eosturmonath** hat einen Namen, der heute als Passahmonat übersetzt würde, er leitet sich ursprünglich von einer ihrer Göttinnen ab, welche **Eostre** genannt wurde, und zu derer Ehren Feste in diesem Monat gefeiert wurden. Jetzt benennen sie die Passahzeit mit deren Namen, womit nun die Freuden der neuen Feierlichkeit mit der Bezeichnung der überkommenen Göttinnenverehrung gewürdigt werden. Thrimilchi wurde so genannt, weil in diesem Monat das Vieh dreimal täglich gemolken wurde; so groß war zu dieser Zeit die Fruchtbarkeit von Großbritannien oder Deutschland, von wo aus das Volk der Angeln nach Britannien kam. Litha bedeutet soviel wie „sanft" oder „schiffbar", weil in beiden Monaten die Lüfte still und sanft sind, und darum pflegten sie zu dieser auf der glatten See zu segeln. Weodmonath bedeutet „Unkraut- oder Grasmonat", denn dieses sproß sehr zahlreich zu dieser Zeit. Halegmonath bedeutet „Monat des heiligen Riten". Winterfilleth kann mit dem erfundenen, zusammengesetzten Nennwort „Wintervollmond" bezeichnet werden. Blotmonath ist der „Monat der Opferungen", denn das Vieh, das dann geschlachtet wurde, war ihren Göttern geweiht. Jesu Christi, sei Dank dafür, dass er uns von diesen Nichtigkeiten abbrachte und uns [die Gnade] gewährte, ihm das Opfer unser Lobpreisung darzubieten.

http://www.firne-sitte.net/de_mensibus_anglorum.html

(bearbeitet)

Für alle, die selber die Genauigkeit dieser Übersetzung überprüfen oder eine eigene Übersetzung machen möchten, folgt hier der entsprechende Originalabschnitt – denn Beda schrieb lateinisch:

CAPUT XV:

DE MENSIBUS ANGLORUM

ANTIQUI AUTEM ANGLORUM POPULI (NEQUE ENIM MIHI CONGRUUM VIDETUR, ALIARUM GENTIUM ANNALEM OBSERVANTIAM DICERE, ET MEAE RETICERE) IUXTA CURSUM LUNAE SUOS MENSES COMPUTAVERE; UNDE ET A LUNA HEBRAEORUM ET GRAECORUM MORE NOMEN ACCIPIUNT. SI QUIDEM APUD EOS LUNA MONA, MENSIS MONATH APPELLATUR. PRIMUSQUE EORUM MENSIS, QUIDEM LATINI JANUARIUM VOCANT, DICITUR GIULI. DEINDE FEBRUARIUS SOL-MONATH, MARTIUS RHEDMONATH, APRILIS **EOSTUR- MONATH**, MAIUS THRIMYLCHI, JUNIUS LIDA, JULIUS SIMILITER LIDA, AUGUSTUS

VUEOD-MONATH, SEPTEMBER HALEG-MONATH, OKTO-
BER VUINTER-FYLLETH, NOVEMBER BLOD-MONATH,
DECEMBER GIULI, EODEM JANUARIUS NOMINE VOCATUR.
INCIPIEBANT AUTEM ANNUM AB OCTAVO CALENDARUM
JANUARIARUM DIE, UBI NUNC NATALE DOMINI CELEBRA-
MUS. ET IPSAM NOCTEM NUNC NOBIS SACROSANCTUM,
TUNC GENTILI VOCABULO MODRANICHT, ID EST, MAT-
RUM NOCTEM, APPELLABANT, OB CAUSAM, UT SUSPICA-
MUR. CEREMONIARUM QUAS IN EA PERVIGILES AGEBANT.
ET QUOTIESCUNQUE COMMUNIS ESSET ANNUS, TERNOS
MENSES LUNARES SINGULIS ANNI TEMPORIBUS DABANT.
CUM VERO EMBOLISMUS, HOC EST, XIII MENSIUM LUNA-
RIUM ANNUS OCCURRERET, SUPERFLUUM MENSEM AES-
TATI APPONEBANT, ITA UT TUNC TRES MENSES SIMUL
LIDA NOMINE VOCARENTUR, ET OB ID ANNUS ILLE THRI-
LIDI COGNOMINABATUR, HABENS IV MENSES AESTATIS,
TERNOS UT SEMPER TEMPORUM CAETERORUM. ITEM
PRINCIPALITER ANNUM TOTUM IN DUO TEMPORA, HYE-
MIS, VIDELICET, ET AESTATIS DISPARTIEBANT, SEX ILLOS
MENSES QUIBUS LONGIORES NOCTIBUS DIES SUNT AES-
TATI TRIBUENDO, SEX RELIQUOS HYEMI. UNDE ET MEN-
SEM QUO HYEMALIA TEMPORA INCIPIEBANT VUINTER-
FYLLETH APPELLABANT, COMPOSITO NOMINE AB HYEME
ET PLENILUNIO, QUIA VIDELICET A PLENILUNIO EIUSDEM
MENSIS HYEMS SORTIRETUR INITIUM. NEC AB RE EST SI ET
CAETERA MENSIUM EORUM QUID SIGNIFICENT NOMINA
INTERPRETARI CUREMUS.

MENSES GIULI A CONVERSIONE SOLIS IN AUCTUM
DIEI, QUIA UNUS EORUM PRAECEDIT, ALIUS SUBSEQUI-
TUR, NOMINA ACCIPIUNT. SOL-MONATH DICI POTEST

MENSIS PLACENTARUM, QUAS IN EO DIIS SUIS OFFERE-
BANT; RHED-MONATH A DEO ILLORUM RHEDA, CUI IN
ILLO SACRIFICABANT, NOMINATUR; **EOSTUR-MONATH**,
QUI NUNC PASCHALIS MENSIS INTERPRETETUR, QUON-
DAM **A DEA ILLORUM QUAE EOSTRE** VOCABATUR, ET CUI
IN ILLO FESTA CELEBRABANT, NOMEN HABUIT, A CUIUS
NOMINE NUNC PASCHALE TEMPUS COGNOMINANT;
CONSUETO ANTIQUAE OBSERVATIONIS VOCABULO GAU-
DIA NOVAE SOLEMNITATIS VOCANTES. TRI-MILCHI DICE-
BATUR, QUOD TRIBUS VICIBUS IN EO PER DIEM PECORA
MULGEBANTUR. TALIS ENIM ERAT QUONDAM UBERTAS
BRITANNIAE, VEL GERMANIAE, DE QUA IN BRITANNIAM
NATIO INTRAVIT ANGLORUM. LIDA DICITUR BLAN-
DUS, SIVE NAVIGABILIS, QUOD IN UTROQUE MENSE ET
BLANDA SIT SERENITAS AURARUM, ET NAVIGARI SOLEANT
AEQUORA. VUEOD-MONATH MENSIS ZIZANIORUM, QUOD
EA TEMPESTATE MAXIME ABUNDENT. HALEGH-MONATH
MENSIS SACRORUM. VUINTER-FYLLETH POTEST DICI
COMPOSITO NOVO NOMINE HYEMEPLENILUNIUM. BLOT-
MONATH MENSIS IMMOLATIONUM, QUIA IN EA PECORA
QUAE OCCISURI ERANT DIIS SUIS VOVERENT. GRATIAS
TIBI, BONE JESU, QUI NOS, AB HIS VANIS AVERTENS, TIBI
SACRIFICIA LAUDIS OFFERE DONASTI.

Stephen Pollington erwähnt in seinem Buch „The Elder
Gods" von 2011, S. 226, ein möglicherweise interessantes
Detail über diese Bemerkung Bedas, übersetzt:

**Der Eosturmonath hat einen Namen, der heute
als Passahmonat übersetzt würde, er leitet sich
ursprünglich von einer ihrer Göttinnen ab, wel-**

che Eostre genannt wurde, und zu deren Ehren
Feste in diesem Monat gefeiert wurden.

Pollington dazu:

Bedas Erwähnung der Feste, die zu ihren Ehren
abgehalten werden, impliziert, dass ein Über-
schuss an Essen für diese Feiern zur Verfügung
stand; im Frühjahr wären das wahrscheinlich
Milchprodukte und kein gereiftes Getreide.

Interessanterweise vermeldet Ælfric von
Eynsham in seiner Predigt „ALIUS SERMO DE
DIE PASCHAE" (Eine andere Sache über Ostern)
einige bedauerliche Praktiken verbunden mit
der Woche vor Ostern:

*Forwel fela sind þe wyllað on ðisum dagum drincan oð
speowðan 7 fracodlice him betwynan sacian*

Es gibt viel zu viele, die in diesen Tagen soviel
trinken möchten, bis sie sich übergeben, und
frevelhaft mit einander wetteifern.

Es gibt den Eindruck von alkoholisch geprägten
Feierlichkeiten, um das Frühjahr zu begrüßen,
und vielleicht feurige Lebendigkeit, die zu Strei-
tereien und Kämpfen führt."

Stephen Pollington (übersetzt)

Die britische Schriftstellerin und Illustratorin Pollyanna

14

Jones schrieb auf Facebook in einem lachenden Kommentar zu diesem Zitat:

Bei aller Fairness, auf den meisten unserer Jahrmärkte geht es ganz schön rauflustig und rauh zu. Traditionen sterben eben schwer hier.

Beda Venerabilis

Anfang von Bedas Beitrag zu den angelsächsischen Bußbüchern

Die angelsächsischen Bußbücher

Aus angelsächsischen Zeiten sind lange Listen von Sünden und den für sie vorgesehenen Bußen überliefert worden. Die ältesten davon stammen aus dem 6. Jahrhundert, in den folgenden Jahrhunderten wurden die anderen hinzugefügt. Daran mitgearbeitet haben unter anderen: Gildas, Columbanus und Beda. Dieses Kompendium aller Bestrafungen ist eine lange Liste, heute bekannt als „Die angelsächsischen Bußbücher" (The Anglo-Saxon Penitentials).

Das nachfolgende Fragment dieser Liste stammt aus Bedas Lebzeiten oder sogar später. Weil hierbei das Heidentum genannt wird, ist wahrscheinlich, dass, obwohl England bereits christianisiert war, das Heidentum noch nicht vollständig ausgerottet war, wie das (übersetzte) Zitat bezeugt:

Es ist in der Tat keinem christlichen Mann erlaubt, nutzloses Weissagen zu praktizieren, wie es heidnische Menschen zu tun pflegen. Damit ist gemeint, dass sie glauben, nach der Sonne und dem Mond und dem Lauf der Sterne Vorzeichen bezüglich der Zeit benutzen zu können, um den Anfang ihrer Veranstaltungen zu bestimmen. Auch ist das Sammeln der Kräuter verboten, bei dem andere Beschwörungen benutzt werden als das Pater Noster, das Kredo oder irgendein Gebet an Gott gerichtet. Wenn jemand diese nutzlosen Praktiken ausübt, muss er damit aufhören, es beichten und 40 Tage fasten. Und wenn er sich

wiederholt diesen Nutzlosigkeiten hingibt, dann muss er drei Bußzeiten fasten."

http://anglo-saxon.net/penance/index.php?p=TOEP482_9b

Heiden und heidnische Praktiken und die damit zusammen-hängenden Strafen kommen wiederholt in den Bußbüchern vor. Das bedeutet offensichtlich, dass Reste des Heidentums in England zwischen ca. 600 und 1000 noch immer lebendig waren.

Was Beda Venerabilis wirklich über die heidnische Religion der Angelsachsen wusste, ist ein umstrittenes Thema, die Genauigkeit seiner Kenntnisse der heidnischen Praktiken wurde schon öfters in Frage gestellt.

Eines der Argumente ist, dass Beda geboren wurde, nachdem die Christianisierung Englands offiziell schon eine ganze Weile abgeschlossen war, und in einer frommen christlichen Familie und Nachbarschaft aufwuchs. Daher sollte er keine Informationen aus erster Hand über die heidnische Vergangenheit gehabt haben. Dieses Infragestellen betrifft auch Eostre. Doch nach den eben erwähnten Buß-büchern, ist gut vorstellbar, dass Beda sich während seiner Studien auch Wissen über die heidnische Vergangenheit und deren Überreste in seiner eigenen Zeit aneignete.

Jacob Grimm und Ostara

Wenn in Diskussionen und Gesprächen Beda als Zeuge für eine Göttin Eostre in England genannt wird, ist es fast immer im gleichen Zug der deutsche Gelehrte Jacob Grimm, der dann als zweite Quelle für das Pendant zur Eostre auf dem europäischen Festland angeführt wird.

Jacob Grimm (1785–1863)

Die von Beda Venerabilis verwendete lateinische Form EOSTRE, lautet auf Altenglisch *Ēostre* und *Eastre*; die althochdeutsche Form Ostara (**Ostara*) wurde von Jacob Grimm im 19. Jahrhundert vorgeschlagen, wahrscheinlich abgeleitet von

* Germanisch **Austa* oder **Austra* – ‚nach Osten' oder ‚östlich von' oder ‚Ost';
* Althochdeutsch *Ostar* – ‚im Osten' oder ‚zum Osten';
* Althochdeutsch *ōstara** – Ostern bzw. Osterfest;
* Althochdeutsch *ōstarmānōd** – Name für April (s. S. 25).

Daraus schloss Grimm, dass es eine Frühlings- und Fruchtbarkeitsgöttin namens Eostre oder Ostara gegeben haben müsse.

19

Hier ist, was Grimm dazu schrieb:

Das heilige fest der Christen, dessen tag gewöhnlich in den april oder den schluß des merz fällt, trägt in den frühsten ahd. sprachdenkmälern **den namen ôstarâ (gen. ûn), meistentheils steht die pluralform, weil zwei ostertage (ôstartagâ, aostortagâ, Diut. 1, 266a) gefeiert werden. Dieses Ostarâ muß gleich dem ags.** Eástre **ein höheres wesen des heidenthums bezeichnet haben, dessen dienst so feste wurzel geschlagen hatte, daß die bekehrer den namen duldeten und auf eins der höchsten christlichen jahrsfeste anwandten.**

Grimm, Deutsche Mythologie, S. 241

Grimm begründet also seine Sichtweise bezüglich ‚Ostara' mit einer etymologischen Herleitung. Allerdings kann diese Ableitung durchaus auf einem Fehlschluss beruhen. Im Althochdeutschen gibt es in den Worten, die er erwähnt, keine Hinweise auf einen Bezug zu einer heidnischen Göttin.

Ostermonat
- Althochdeutsch: *ōstarmānōd**
- Altsächsisch: **ōstarmānuth?*

Osterlamm *ōstarfrisking*
Ostertag *ōstartag**
Ostern *ōstar**; *ōstara**
im/zum Osten: *ōstar*
Germanisch:
   Ost, Osten **Austa, *austra*
Orientalisch *ōstarling**

Es sieht demnach danach aus, dass Grimms Göttin ‚Ostara‘ seine ganz eigene Herleitung ist und auch erst im 19. Jahrhundert dem Althochdeutschen hinzugefügt wurde.

Grimms zweites, eher beiläufiges Argument ist, dass es eine solche Göttin gegeben haben muss, weil in anderen Sprachen Ableitungen des alten „Passah" als Namen für das Osterfest bestehen und die Bezeichnung ‚Ostern‘ nur im Deutschen existiert, wie bei den Engländern ‚Easter‘.

Dieses Argument wurde aber inzwischen entkräftet. Im führenden fränkischen Bistum Köln wurde bis ca. 750 für Ostern der Name ‚*pāsche*‘ verwendet. Das Bistum Mainz anderseits verwendete eine fränkische Form des altenglischen Namen für Easter, *ôstarun*. Der wurde wahrscheinlich von dem berühmten Bischof Bonifatius eingeführt, der in England geboren war und aufwuchs, und dort auch Priester und Gelehrter wurde, bevor er auf das europäische Festland kam und dort u. a. Bischof von Mainz war. Es kann davon ausgegangen werden, dass Bonifatius eine fränkische Form des altenglischen Namens für Ostern benutzte.

Beide Bezeichnungen für Ostern, ‚*pāsche*‘ und ‚*ôstarun*‘ aus diesen Bistümern wurden wiederholt in Dokumenten aus fränkischer Zeit niedergeschrieben.

Da Bonifatius und seine Leute viel missionarische Arbeit in Westeuropa leisteten, wobei sie sehr wahrscheinlich ihre auf dem Altenglischen basierenden Begriffe verwendeten, wurden diese am weitesten verbreitet, und nach und nach im ganzen deutschsprachigen Raum übernommen.

Daher ist es wahrscheinlich, dass der aktuelle deutsche Name ‚Ostern‘ auf den angelsächsischen Begriff für dieses Fest zurückgeht.

Ein weiterer Kritikpunkt an der bisherigen Auffassung bezieht sich auf Grimms Schlussfolgerung, dass Ostara eine Frühlings- und Fruchtbarkeitsgöttin gewesen sei. Eigentlich wissen wir nur von Beda, dass für Eostre im April einige Feierlichkeiten stattfanden. Es wird aber auch von diesem Autor weder ein bestimmtes Datum für solche heidnischen Feiern angegeben, noch irgendein Anlass. Festlichkeiten für Eostre oder Ostara in die Zeit um den Frühlingsanfang im März zu legen, ist eine moderne Interpretation, für die historische oder mythologische Quellen fehlen. Für ein religiöses heidnisches Fest mag das jedoch irrelevant sein.

Grimms Schlussfolgerung bezüglich einer kontinentalen Göttin Ostara basiert anscheinend nur auf Bedas Eintrag über Eostre und eigenen etymologischen Ableitungen.

Es ist sehr auffällig, dass Grimm kein Wort zu älteren deutschen Quellen schrieb, in denen der Name einer Göttin Ostera (in diese oder eine andere Rechtschreibung) vorkommt. Es existieren mehrere solche Quellen aus der Zeit vor Grimm; leider kann keine Antwort mehr gegeben werden auf die Frage, warum Grimm sie ignorierte.

Sächsische Übertragung

Es gibt die Hypothese, dass die (Alt-)Sachsen ihre Göttin (Eostre?) mit nach England brachten, als sie ihre Heimat im Norden Deutschlands verließen und nach England auswanderten; dies begann etwa in der Mitte des 5. Jahrhunderts.

Auf der Grundlage dieser Ansicht wird eine der altenglischen ähnliche sächsische Göttin (Eostar?, Ostara?) vermutet. Als weitere zusätzliche Anregung wird hinzugefügt, dass diese Göttin möglicherweise mit einer einheimischen britischen Göttin vermischt und durch die ‚insulare‘ Interaktion und Verschmelzung als eine Göttin der angelsächsischen und britischen Heiden akzeptiert wurde. Mehr als eine Spekulation kann diese Überlegung aber nicht sein.

Wenn die Sachsen in der Tat die Göttin Eostre vom europäischen Festland nach England gebracht haben, dann könnte mit genügend Zurückhaltung eine mögliche Verbindung zu den göttlichen Austriahena-Matronen (siehe weiter unten) gelegt werden. Es ist aber klar, dass hierfür keine direkten Beweise oder Hinweise vorliegen. Die Idee gründet sich nur auf die generelle Ansicht, dass die Sachsen, die Angeln und ihre Verbündeten anderer Völker ihre Kultur, einschließlich ihrer Gottheiten mitnahmen, als sie aus dem Norden Deutschlands und dem Süden Dänemarks wegzogen. Ein damit zusammenhängendes Problem wäre dann aber die neue Frage, welche Verbindung es möglicherweise hätte geben können zwischen den frühen Sachsen im Norden Deutschlands und der Region, wo die Austriahenae-Votivsteine aus römischer Zeit gefunden wurden – das südliche Gebiet liegt ziemlich weit entfernt und gehörte zum römischen Reich, die nördlichen Wohngebiete der Sachsen jedoch nicht.

Oſtara.

Ostara von Johannes Gehrt 1884

Karl der Große und der Monat April

Im Frankenreich von Karl dem Großen wurde der April *‚ôstarmânôt'* genannt, wahrscheinlich verwandt mit dem altenglischen *‚eosturmonath'*. Es ist schon verlockend, diesen fränkischen Monat mit einer Göttin Ostara in Verbindung zu bringen. Allerdings wissen wir nicht, ob dieses *‚ôstarmânôt'* in der Tat auf eine heidnische Wurzel zurückgeht oder sich unmittelbar aus dem christlichen Ostern entwickelte.

Tatsächlich ist es wahrscheinlicher, dass das christliche Ostern der direkte Grund für den Monatsnamen war. Diese Ansicht basiert auf einem Abschnitt in einer Biographie Karls des Großen. In der 817–836 niedergeschriebenen VITA KAROLI MAGNI (Das Leben Karls des Großen) des zeitgenössischen Einhard (Einhardus ~770–840) wird darauf Bezug genommen. Ein Zitat aus Kapitel 29:

Außerdem begann er mit einer Grammatik seiner Muttersprache. Weiter gab er den Monaten einheitliche fränkische Bezeichnungen: Sie waren bisher bei den Franken teilweise durch lateinische, teilweise durch örtliche Namen bezeichnet worden. Die zwölf Winde unterschied er ebenfalls durch passende Ausdrücke: Vorher hatte es nicht mehr als vier Benennungen dafür gegeben. Er nannte den Januar uuintarmanoth, den Februar hornung, den März lenzinmanoth, den April ostarmanoth, den Mai uuinnemanoth, den Juni brachmanoth, den Juli heuuimanoth,

den August aranmanoth, den September uui-
tumanoth, den Oktober uuindumemanoth, den
November herbistmanoth, den Dezember heilagmanoth.

Die Winde bezeichnete er wie folgt: den
Ostwind (subsolanus) ostroniuuint, den Südost
(eurus) ostsundroni, den Südsüdost (euroauster)
sundostroni, den Südwind (auster) sundroni, den
Südsüdwest (austroafricus) sund-uuestroni, den
Südwest (africus) uuestsundroni, den Westwind
(zephyrus) uuestroni, den Nordwest (chorus)
uuest-nordroni, den Nordnordwest (circius) nor-
duuestroni, den Nordwind (septentrio) nordroni,
den Nordost (aquilo) nordostroni, den Nordnord-
ost (vulturnus) ostnordroni.

Bearbeitete Übersetzung von Evelyn Scherabon Firchow

Das heißt, bevor Karl der Große den Namen Ostarmanoth
und die anderen einführte, wurden die Monate vermutlich
am häufigsten mit lateinischen Namen bezeichnet; Ostarmanoth hieß vor Karls Namensänderung wahrscheinlich
Aprilis. Ob der Name *Ostarmanoth* auch schon verwendet
wurde, wissen wir nicht, aber in lateinischen Dokumente
aus Karls Zeit wird Aprilis benutzt und die vorherigen
nicht-lateinischen Namen wurden „barbarisch" genannt;
so scheint nicht gerechtfertigt, dass ältere „barbarische"
Namen beibehalten wurden. Es gab zu dieser Zeit auch
noch den Namen *Ackermanoth*, der nicht einen der beste-
henden Monate abdeckte, sondern einen Teil des März und
einen Teil des Aprils. Es ist jedenfalls keinesfalls vertretbar

hier zu schlussfolgern, Karl hätte den Namen einer heidnischen Göttin für den April gewählt.

Ebenso kann die Annahme abgelehnt werden, dass Karl der Große vom altenglischen Eosturmonath inspiriert wurde, weil Beda, der etwa 15 Jahre vor dem Geburtsjahr Karls des Großen verstarb, schrieb, dass in England ‚*Eosturmonath*' nicht mehr für April benutzt werde, sondern ‚*Paschalmanoth*'.

**Denkmal Kaiser Karls des Großen auf der Alten Brücke
in Frankfurt am Main, Jakob Fürchtegott Dielmann, um 1845**

Zur Verifizierung und einer eventuellen eigenen Übersetzung hier der entsprechende lateinische Originaltext:

INCHOAVIT ET GRAMMATICAM PATRII SERMONIS. MENSI-
BUS ETIAM IUXTA PROPRIAM LINGUAM VOCABULA INPO-
SUIT, CUM ANTE ID TEMPORIS APUD FRANCOS PARTIM
LATINIS, PARTIM BARBARIS NOMINIBUS PRONUNTIAREN-
TUR. ITEM VENTOS DUODECIM PROPRIIS APPELLATIONI-
BUS INSIGNIVIT, CUM PRIUS NON AMPLIUS QUAM VIX
QUATTUOR VENTORUM VOCABULA POSSENT INVENIRI.
ET DE MENSIBUS QUIDEM IANUARIUM UUINTARMANOTH,
FEBRUARIUM HORNUNG, MARTIUM LENZINMANOTH,
APRILEM **OSTARMANOTH**, MAIUM UUINNEMANOTH,
IUNIUM BRACHMANOTH, IULIUM HEUUIMANOTH,
AUGUSTUM ARANMANOTH, SEPTEMBREM UUITUMA-
NOTH, OCTOBREM UUINDUMEMANOTH, NOVEMBREM
HERBISTMANOTH, DECEMBREM HEILAGMANOTH APPEL-
LAVIT. VENTIS VERO HOC MODO NOMINA INPOSUIT, UT
SUBSOLANUM VOCARET OSTRONIUUINT, EURUM OST-
SUNDRONI, EUROAUSTRUM SUNDOSTRONI, AUSTRUM
SUN- DRONI, AUSTROAFRICUM SUNDUUESTRONI, AFRI-
CUM UUESTSUNDRONI, ZEFYRUM UUESTRONI, CHORUM
UUESTNORDRONI, CIRCIUM NORD-UUESTRONI, SEPTEN-
TRIONEM NORDRONI, AQUILONEM NORDOSTRONI, VUL-
TURNUM OSTNORDRONI.

Die Austriahena Muttergöttinnen

Aus den ersten Jahrhunderten n. d. Z. ist uns der Göttinnenname ‚Austriahena‘ überliefert. Dazu ein frei übersetztes Zitat aus „Gods of the Germanic Peoples", Band 1, S. 86f:

Es wurden fast 150 Votivsteine gefunden, die alle den Austriahenae-Matronen gewidmet sind; sie werden in den Inschriften Matronis Austriatium, Matronis Austriahenis und Matronis Austriahenabus genannt. Die Altäre stammen aus der Zeit Ende des 2. und Anfang des 3. Jahrhunderts. Die meisten stammen aus der Gegend von Morken-Harff; Morken und Harff waren Dörfer des Rhein-Erft-Kreises, Regierungsbezirk Köln, die beide für die Braunkohleförderung im rheinischen Revier aufgegeben wurden. Ihre Bewohner wurden in den 1960er Jahren in die benachbarte Stadt Kaster umgesiedelt.

Der Name der Matronen wird als Austriahena wiedergegeben, wobei sie möglicherweise die göttlichen Beschützerinnen des Distrikts oder der Stadt Austriatium (Austriacum) waren. Es wird angenommen, dass die Menschen von dort ‚Austriates‘ genannt werden können, aber die Bezeichnung der Matronen könnte sich auch auf eine soziale Gruppe beziehen.

Über die Bedeutung des Namens existieren unterschiedliche Ansichten, die bis jetzt am häufigsten vertretene ist auch die überzeugendste:

Votivaltar für die Austriahena Matronen

Der Wortstamm ist sicher germanischer Herkunft und hängt zusammen mit dem germanischen *Austra-* Osten, östlich oder nach Osten. Vielleicht gibt es auch eine Verbindung mit dem altindischen *usra-* strahlend, funkelnd, leuchtend, lebendig.

Nach modernen etymologischen Ableitungen könnten diese Matronen die Schutzgöttinnen eines kleinen Distrikts mit dem Namen ‚Austriacum' gewesen sein, eines Gewässers in diesem Bezirk mit dem Namen ‚Austra' oder einer Siedlung dieses Namens, die östlich der römischen Hauptstadt Köln lag.

Die vielen archäologischen Funde aus der Römerzeit machen es wahrscheinlich, dass zu der Zeit eine römisch-germanische Niederlassung errichtet wurde, denn wegen der Anzahl der Altarsteine müssen dort wohl viele Menschen gelebt haben.

Der vermutete Zusammenhang mit der Göttin Ostara/Eostre geht zwar nicht über Spekulationen hinaus, dennoch ist die Ähnlichkeit im Namen auffällig genug, um eine Verbindung zumindest in Betracht zu ziehen.

Wenn eine solche Verbindung angenommen wird, könnte sie als Indiz für eine frühe Form der Ostara bzw. der Eostre gesehen werden. In einem nächsten Schritt wäre dann über den möglichen germanischen Namen dieser göttlichen Mütter zu spekulieren. Viele weitere Spekulationen sind allerdings zusätzlich erforderlich, um zu Schlussfolgerungen zu kommen, wie der Name Austriahena (oder sein germanisches Äquivalent) mehrere Jahrhunderte überlebte, wie er nach England kam usw.

Die Hindu-Göttin Ushas wird auf dieser Holzskulptur aus dem 18. Jahrhundert vermutet.

Etwas Etymologie

Die Etymologie des Wortes Eostre ist nicht abschließend geklärt, es werden gewöhnlich diese drei Lösungen vorgeschlagen:

Eostre

- ist aus dem indogermanischen *a̯u̯es- hergeleitet, verwandt mit dem urgermanischen *Austrō, und mit dem germanischen *aus-, *ausra-; alle Begriffe gehören in die Bedeutungsgruppe ‚scheinen‘, ‚Glanz‘, ‚erhellen‘.
- ist verwandt mit dem germanischen *Austa, *austra und mit dem altenglischen éaste und bedeutet Osten.
- steht sprachlich im Zusammenhang mit der griechischen Gottheit Eos, der römischen Aurora und der indischen Ushas, die alle als Göttinnen der Morgendämmerung gesehen werden, verbunden auch mit dem rot leuchtenden Morgenhimmel als Göttin der Geburt des neuen Tages.

Vielleicht stehen diese drei Ansichten miteinander in Verbindung, denn die rote Morgensonne erscheint im Osten. Dies geht aber nicht über ein Gedankenspiel hinaus.

Nebenbei bemerkt: Die indische Göttin Usha oder Ushas wird manchmal auch in Verbindung mit dem Frühling gebracht und das wird dann als quasi Beweis verwendet um Eostre/Ostara als Frühlingsgöttin zu klassifizieren. Das ist aber höchstwahrscheinlich falsch; es gibt keine indische Quelle, die einen solchen Zusammenhang bestätigt. Der

Frühling würde dort generell auch nicht passen, Jahreszeiten in unserem Sinn gibt es auf dem Subkontinent nicht – nur höher in den Bergen könnte man dem Klima einen derartigen Wechsel zuordnen. Der einzige Bezug zum Frühling ist eine etymologische Theorie, ein Konstrukt, über das die Diskussion noch nicht abgeschlossen ist. (s. im Folgenden S. 35 unten).

Und eine zweite Randbemerkung: Nur an den Tagen der Tagundnachtgleiche ist der Sonnenaufgang wirklich im Osten. Im Rest des Jahres bewegt er sich zwischen Nordosten und Südosten. Das hängt zusammen mit der Schrägstellung der Erdachse und der elliptischen Erdbahn um die Sonne. Allerdings kann man nur vermuten, dass vorchristliche heidnische Kulturen imstande waren, das auch zu bemerken, z. B. durch als Sonnenuhren gesetzte Steine.

Jonathan Slocumb gibt in seinem „Anglo-Saxon Dictionary" (University of Texas, Linguistics Research Center in der College of Liberal Arts, Austin 2009) gemeinsame sprachwissenschaftliche Wurzeln an zu ‚Easter‘, Eástre und Ostara:

eáster, eástor; gen. eástres; pl. nom. acc. eástro; gen. eástrena; dat. eástron, eástran [=eastrum]; n: eástre, an; n. I. Easier, the feast of Easter; pascha = GREEK:-- On dæge symbeles eástres in die solemni paschoe, Lk. Lind. War. 2, 41. Wæs ðære ylcan nihte ðara hálgan Eástrena, ðæt seó cwén cende dóhtor ðæm cyninge it was on that

same holy night of Easter, that the queen bore to the king a daughter, Bd. 2, 9; S. 511, 28. Æfter twám dagum beóþ eástro post bĭduum pascha fiet. Mt. Bos. 26, 2. Freóls-dæg, se is gecweden Eástre a feast day which is called Easter, Lk. Bos. 22, l. II. the passover, paschal lamb; pascha:-- To eástron for the Easter lamb, Mt. Bos. 26, 17. Ðá hí eástron offrodon... ðæt ðú eástron ete quando pascha immŏlābant... ut mandŭces pascha. Mk. Bos. 14, 12. [Ger. M. H. Ger. ostern, f; Ker. óstarun, óstrun: Ottf. óstará, óstoron dea, pascha: A. Sax. Eástre, the goddess of the rising sun, whose festivities were in April. Hence used by Teutonic christians for the rising of the sun of righteousness, the feast of the resurrection, Bd. de Temp. Rat. Works, vol. ii. p. 81: Grimm's Deut. Mythol. 8vo. 1855, pp. 180–183.] eáster, eástor; adj. Easter; paschālis:-- Ðys sceal on eáster-æfen this belongs to easter-even. Rubc. Mt. Bos. 28, I; Notes, p. 577, 28, 1 a. Eáster-tíd easter-tide or time. Homl. Th. ii. 266, 15, 19, 21. Eáster-mónaþ easter-month, April, Menol. Fox 142; Men. 72.

Im Internet gibt es einen etymologischen Wikipedia-Artikel über den die Diskussion noch nicht abgeschlossen ist und der deshalb noch nicht in seiner Endform vorliegt. Ein Teil dieses englischsprachigen Artikels lautet, übersetzt:

Eine der wichtigsten Göttinnen der rekonstruierten proto-indoeuropäischen Religion ist die Per-

sonifizierung der Morgendämmerung in einer schönen jungen Frau. Ihr Name wurde rekonstruiert als *Hausōs* (PIE *$h_2ews\acute{o}s$*- oder *$h_2aus\bar{o}s$*-, ein s-Stamm), neben zahlreichen Beinamen.

Ableitungen des *$h_2ews\acute{o}s$* in den historischen Mythologien der indoeuropäische Völker umfassen die indische Uṣas, die griechische Εώς (Ēōs), die römische Aurōra und die baltische Aušra („Dämmerung", vergleichbar damit auch die litauische Aušrinė). Das germanische *$Austr\bar{o}n$*- gehört zum erweiterten Stamm *h_2ews-tro-*.

Der Name *$h_2ews\acute{o}s$* ist abgeleitet vom Stamm *h_2wes/*$a\underset{\smile}{u}es$* „leuchten, glänzen", und wird deshalb übersetzt als „die Leuchtende". Sowohl das englische Wort east, als auch das lateinische AUSTER für Süden kommen von einem Adjektiv mit gleicher Wurzel *aws-t(e)ro-*. Damit verwandt ist auch AURUM ‚Gold', von *awso-*. Der Name für Frühling, *wes-r-*, gehört zum gleichen Wortstamm. Die Göttin der Morgendämmerung war auch die Göttin des Frühlings, sie spielte eine Rolle in der Mythologie des indoeuropäischen Neujahrs.

http://en.wikipedia.org/wiki/Hausos

Gar nicht überzeugend ist die Hypothese des deutschen Professors Jürgen Udolphs, der den englischen Begriff ‚easter' und das deutsche ‚Ostern' mit dem nordgermanischen *ausa* mit der Bedeutung ‚Wasser schöpfen' bzw. ‚Wasser gießen' in Verbindung bringt. Er sieht dabei einen Zusam-

menhang mit dem alt-westnorwegischen Begriff *Austra,*
der als Nebenbedeutung hat ‚das Wassen vom Schiffsboden
aufschöpfen und wegschütten'. In der norddeutschen See-
mannssprache hat sich dies als „ösen" erhalten (ein Boot
mit einem Ösfass durch das Ösgatt leerschöpfen).

Udolphs legt aber hier eine Verbindung zu Taufriten,
da Eostre und Ostara ähnliche gemeinsame etymologische
Wurzeln haben. Aber das ‚Wasser schöpfen' in dieser Ableitung bezieht sich nicht nur auf eine untergeordnete Nebenbedeutung, darüber hinaus gibt es den gebräuchlicheren
nordischen Begriff ‚diepan' und das althochdeutsche *toufan*
für Taufe.

Eos, griechische Göttin der
Morgenröte

Votivaltarstein der Göttin Hurstrga

Ostara, Ostera, Osta und Eostar

Die Göttin Hurstrga

Im Jahr 1954 wurde in der niederländischen Provinz Gelderland einen Votivaltarstein gefunden in dessen Inschrift eine Göttin Hurstrga (Lateinisch: DEAE HURSTRGE) genannt wird. Seine Entstehung wird in das erste Jahrhundert n. d. Z. datiert.

Die Bedeutung des Namens dieser Göttin ist nicht eindeutig geklärt. Beim ersten Teil des Namens wird eine Verbindung mit dem niederländischen Begriff ‚horst‘ (Deutsch: Horst) vorgeschlagen, ein Grundstück mit Sträuchern oder einem Hain.

Im modernen Niederländischen würde Hurstrga ausgesprochen wie ‚*Oustghra*‘ mit einem weichen kaum hörbaren ‚g‘ wie es immer noch in der gleichen Gegend der Niederlande ausgesprochen wird. Phonetisch (über den Ton) käme das sehr nahe an ‚Ostara‘, daher könnte ‚Hurstrga‘ als eine frühe Form des Namen Ostara betrachtet werden. Allerdings ist dieser Vorschlag ein Beispiel reiner Volksetymologie, umso mehr, da als germanische Form der Name *Hurstrjōn* vorgeschlagen wird.

Die niederländische Forscherin Tineke Loojinga deutet Hurstrga als eine batavische Göttin, die in einem Hain auf einem kleineren Hügel als Fruchtbarkeitsgöttin verehrt wurde.

Der Osta-Stein

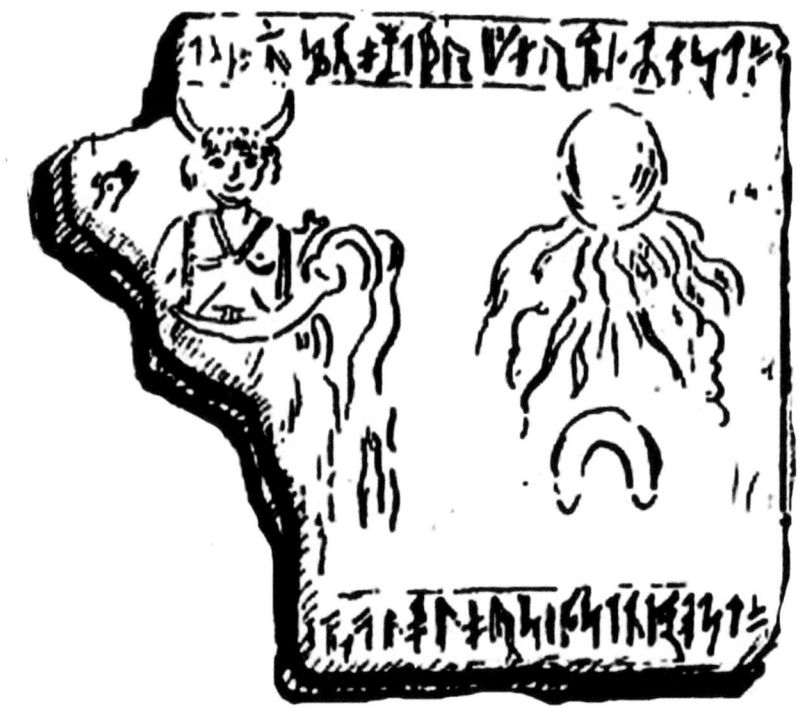

Zeichnung des Ostasteins

Am Ende des 16. Jahrhunderts, so etwa um 1590, wurde eine Votivtafel bei Hohenstein im Weserbergland gefunden. Die Tafel war aus gebranntem Ton hergestellt und bekam den Namen „Runentafel von Hohenstein" oder „Osta-Stein". Die bildliche Darstellung auf dem Stein ist teilweise interpretiert; sie zeigt eine männliche und eine weibliche Figur, letztere trägt einen Helm mit Hörnern und ein Füllhorn.

Für die Runeninschrift oberhalb und unterhalb der Abbildungen werden drei mögliche Übersetzungen angeboten. Der Runentext, in lateinische Buchstaben übersetzt, lautet:

dhu gautar osta, ous il sin grosta

Übersetzung 1: Du gute(r) Osta, aus deinem Antlitz
leuchtet ...

Übersetzung 2: Dem gute(n) Osta gewidmet.
(In dieser Version wird ‚*dhu*‘ als Dativartikel gesehen.)

Übersetzung 3: Er/Sie naht wieder der/die gute Osta.

Ob es sich in diesem Satz um eine Göttin oder einen Gott handelt, ist nicht ganz klar; die weibliche Figur ist jedoch am deutlichsten ausgearbeitet, also ist eine Göttin wahrscheinlicher. „Osta" wird dann dementsprechend als eine verkürzte Form von Ostera oder Ostara interpretiert.

Da die Tafel nicht im Ganzen erhalten ist, ist unbekannt, ob der Runentext ursprünglich länger war; wenn tatsächlich im abgebrochenen Teil oben und unten auch Runen standen, und davon darf man eigentlich ausgehen, dann hätte man möglicherweise einen verständlicheren Spruch.

Das Original ist verschwunden, bzw. verloren gegangen. Vermutlich auf der Grundlage mehrerer Zeichnungen des Originals wurde eine Replik aus Holz angefertigt, diese soll in einem Museum in Marburg aufbewahrt werden (Welches Museum? Noch immer?). Die Echtheit der Tafel ist umstritten, aber aufgrund der Tatsache, dass die Tafel selber nicht mehr untersucht werden kann, ist eine Authentizitätsdebatte sinnlos, das umso mehr, weil auch nicht mehr zu ermitteln ist, wie genau und mit welcher Sachkunde und Fähigkeit die Zeichnungen des Originals gemacht wurden.

Obwohl der „Stein" in verschiedenen Quellen erwähnt wird, fällt auf, dass in keiner davon irgendein Wort über das mögliche Alter der Tontafel vorkommt, und kaum zu welcher Sprache die übersetzte Runenzeile möglicherweise gehören könnte. Ein weiteres Problem ist, dass nicht sicher ist, ob die Aufteilung der Buchstaben in die dargestellten Wörter richtig ist, denn es gibt keine Zwischenräume zwischen den Runen. Wenn sie auf die angegebene Weise aufgeteilt werden, dann ist die Sprache wahrscheinlich eine Form (ein Dialekt?) des Altsächsischen. Eine Nachfrage bei einem Spezialisten bestätigt diese Sichtweise.

Wenn die Tafel also keine Fälschung ist, dann stammt sie wohl aus der karolingischen Epoche, wahrscheinlich beschränkt auf die Zeit, als die Sachsen noch Heiden waren – die Bekehrung der Sachsen zum Christentum war im frühen 9. Jahrhundert abgeschlossen.

Auf jeden Fall ist diese Runentafel umstritten, viele erkennen ihre Authentizität nicht an. Dabei werden aber keine stichhaltigen Argumente für eine mögliche Fälschung genannt – die Ansicht, die Tafel sei nicht echt, geht deshalb nicht über das Niveau der Vermutungen oder persönlichen Meinungen hinaus.

Ostara bei Osterholz

Am Ende des 17. Jahrhunderts erwähnt der Theologe und Historiker Ernst Casimir Wasserbach (1664–1709), in seiner „DISSERTATIO DE STATUA ILLUSTRI HARMINII" von

> nidis affertorum fepulchra. Hic Teutonici mon-
> tes, Lucos ac nemora confecrata Diis apud *Kol-*
> *ftede* & *fanum Ofteræ* Deæ prope *Ofterboltz*, *Thiet-*
> *mallum* vetus, & *Schydroburgum* Caroli M. olim
> hofpitium ad *Ambram*, uti & *Ambronum Cherufco-*
> *rum* & *Brutterorum* pugnaciffimarum *pro libertate*

Fragment aus DISSERTATIO DE STATUA ILLUSTRI HARMINII von
Ernst Casimir Wasserbach, 1698

1698 eine Göttin Ostera bei Osterholz. Das Buch ist eine
Doktorarbeit über eine Statue von Arminius bzw. Hermann
dem Cherusker, dem Führer der germanischen Cherusker,
die im Jahr 9 n. d. Z. die Römer in einer Schlacht besiegten.
Heute ist Arminius der am häufigsten verwendete Name,
aber Wasserbach benutzte das germanisierte ,Hermann'.
In seiner Einleitung erwähnt der Autor auch einige andere
Altertümer aus der erweiterten Gegend. Dabei fällt auch
eine Bemerkung über ein Ostara-Heiligtum.
Die betreffende Zeile lautet:
LUCOS AC NEMORA CONSECRATA DIIS APUT COLSTEDE ET
FANUM OSTERAE DEAE PROPE OSTERHOLZ
Übersetzt:
Den Göttern geweihte heilige Haine und Wälder bei Kohl-
städt und ein Heiligtum der Göttin Ostara nahe Osterholz.

Wasserbach hatte den Ruf eines ernsthaften und aufrich-
tigen Autors, Fantastereien oder Fälschungen in diesem
Werk können ihm nicht nahe gelegt werden. Er muss deshalb wohl eine Quelle benutzt haben, die in seinen Augen
seriös genug war, um in seiner Doktorarbeit verwendet zu

werden. Möglicherweise konnte er zu seiner Zeit noch über schriftliche Quellen verfügen, die es heute nicht mehr gibt.

Oostera – Oosterfeest

In Ludolph Smids niederländischem Werk „Schatkamer der Nederlandsse Oudheden" von 1711 gibt es auch einen Eintrag über die Göttin Ostera:

Titelseite der "Schatkamer der Nederlandsse Oudheden" von Ludolph Smids, 1711

Oostera; weleer een afgodinne der oude Saxen. Ja, deswegen heetmen noch heden, in Westfalen (ik heb het te Munster meer als eens gehoord) de hooge vierdagh van Paschen, het Oosterfeest.

Übersetzt:

Ostera; eine ehemalige Abgöttin (heidnische Göttin) der alten Sachsen. Ja, deshalb nennt man auch heute noch in Westfalen (ich habe es in Münster mehr als einmal gehört) den hohen Feiertag des Passah (Ostern), das Osterfest.

Der Autor gibt als Quelle bei diesem Eintrag Schildius de Chaucis an, dessen Buch „NOBILISSIMO VETERIS GERMANIÆ POPULO LIBRI DUO" (Über die Adligen der alten Germanen in zwei Bänden) erstmals im Jahr 1649 aufgelegt wurde und bis 1742 insgesamt fünf Mal neu erschien. Dieser Autor schreibt auf Seite 118:

ITA SAXONES, QUOD
BEDAE PRODITUM,
OOSTERA QUANDAM IN
CLASSEM RETULERANT
DEARUM, CUI SACRA
QUOTANNIS, APRILI
RECURRENTE, ...

Titelseite von „NOBILISSIMO VETERIS GERMANIÆ POPULO LIBRI DUO"
Schildius de Chaucis

Frei übersetzt:

So machten es die Sachsen, wie Beda überlieferte, in Bezug auf Oostera, die sie in die Gruppe der Göttinnen einordneten, deren heiliges Wirken jährlich im April zurückkehrt, …

Schildius de Chaucis bezieht sich also auf den entsprechenden Eintrag von Beda Venerabilis (s. S. 7) und sieht in einer Göttin Oostera eine festländische Entsprechung der britischen Eostre.

De Ostera Saxonum

Der Historiker und Autor Lüneburg Mushard (1672–1708) veröffentlichte im Jahr 1700 sein Buch „De Ostera Saxonum" (Die sächsische Ostera). Auf Seite 10 (§ 8) bezieht Mushard sich auf den bereits erwähnten Text von Johann Schildius de Chaucis von 1649, der die Göttin Ostera und einige mit ihr verbundene Ortsnamen in Deutschland erwähnt. Mushard selbst zitiert einen Text, in dem der Ort Osterholt/Osteralb der „Tempel der Ostera" genannt wird.
INTER QUAE VEL PRAECIPUUM OSTERAE NENNUS HODIE ETIAM DISTUM OSTER-HOLT/OASTERALB **TEMPLUM OSTERAE.**

Frei übersetzt:
Zu dieser Gruppe (Ortschaften), die früher nach Ostera genannt wurden, gehört heute auch Osterholt/Osteralb in der Bedeutung Tempel der Ostera.

alle Mandage de Förste/de Affgaden Priester und dat Volck
thosamende / dar dan Gericht geholden wurd. Ju
düssen hilltgen Busche averst mochte nemand gahn / dan
alleine de Priester / und welche de Offerhande dohn wolden.
Ock was hier ein Todschläger frig &c. Hæc verba quam-
vis prolixa potius alleganda videbantur, quam innumera
alia aliorum auctorum testimonia, quia in iis tam lucu-
lenter lucorum in his regionibus usus depingitur. Sunt
enim his terris virgulta adhuc cæsorum lucorum reliquiæ
nomen der Hilligen Büsche servantia. Superfunt nomina sacratum quercuum, juxta quas convenire solebat po-
pulus. Uti prope *Bramstedam* erat quercus de Staleke.
vid. Schildius de Chaucis l. 1. cap. 12. p. 91. lib. 2. cap. 2.
Manent usque in hunc diem nemorum lucorumque sacrorum nomina in his regionibus. Osterwede sylva,
quondam spatiosissima, Osterhagen / Osterndorp &c.
Inter quæ vel præcipuum Osteræ nemus hodie etiam di-
ctum Oster=holt/ Osteralh/ Templum Osteræ. ALH
enim priscis Germanis templum, inde sine dubio holt/
quia luci & nemora Deorum templa erant; non abludit
etiam ab his Græc. ἄλσος, Latinorum *Saltus*. Est eo loco
tumulus leniter assurgens in campo olim sine dubio den-
sis arborum umbris cooperto, nunc aperto, nisi quod fru-
tetum restat. In tumulo illo cernuntur ingentium lapi-
dum bini ordines manu ita collocatorum, ut alios majo-
res ordine super impositos sustineant. Tanta magnitudo
autem saxorum est, ut vix machinis moveri potuisse vi-
deantur. Nihilominus lapis alter superincumbentium
extremus, tam affabre quasi à natura factus atque collo-
catus est, ut altaris satis alti & magni speciem præbeat,
Alter autem extremus longe majori mole sepulchralis la-
pidis præbet imaginem. Hic sacra Osteræ peracta sunt.

§. 9.

Seite aus Mushards Buch „DE OSTERA SAXONUM", 1700

(Zuvor wurden im Text die Ortsnamen Osterhagen und Osterdorp und der Wald von Osterwede genannt).

Weiter ist dieses Buch eher uninteressant – es enthält vor allem zeitgenössische Ansichten, Gedanken und Theorien über Ostara, bei denen etliche Vergleiche mit römischen, griechischen und alten orientalischen Gottheiten gemacht werden, die heute als viel zu weit hergeholt und meistens unrichtig gelten.

Ostara und Osterode

In „De Saxonum idolo OSTERA“ (Von der sächsischen Heidengöttin Ostara), einem Kapitel einer theologischen Arbeit aus dem Jahre 1725, erörtert der Autor Theodorus Hasaeus die Göttin Ostera. Er bezieht sich auf Beda Venerabilis und erwähnt mehrere Orte in Deutschland, deren Namen mit Ostera zusammenhängen sollen, darunter auch den Ort Osterode.

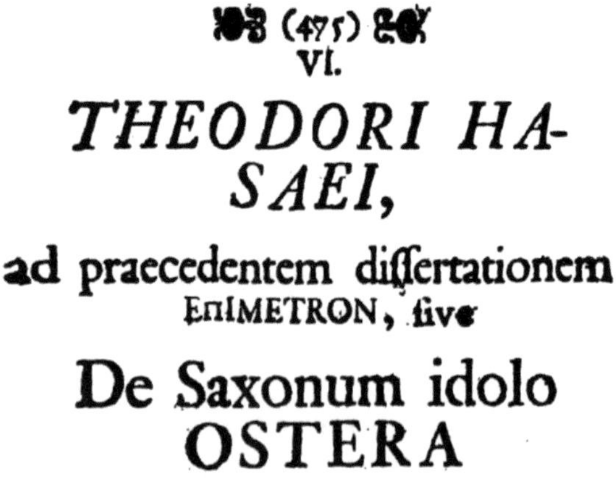
(475)

VI.

THEODORI HASAEI,

ad praecedentem dissertationem
ΕΠΙΜΕΤΡΟΝ, sive

De Saxonum idolo
OSTERA

Heinrich Pröhle nennt in seinem Buch „Harzsagen", Erster Band, von 1859 in den Anmerkungen beim Stichwort „Zu den Sagen der osteröder Gegend" den Namen ‚Eostar' als derjeniger einer Göttin Ostera, Ostra, Ostar, Costar. Er nennt als Quelle das „Osteröder Intelligenzblatt" von 1823, Nr. 29 und 30.

Zur Vervollständigung aller dieser Zusammenfassungen stehe hier noch ein kurzer Artikel „Die Göttin Ostera" aus dem „Osteröder Intelligenzblatt von 1823, Nr. 29 und 30, welcher und die gelehrte, wol zum Theil durch alte Chroniken fortgepflanzte, von Honemann und Renner aber nicht aufgenommene, Überlieferung aufbewahrt. Das wir weit entfernt sind, das in demselben Gesagte vertreten zu können, zeigt ein Blick auf den Artikel selbst. „Diese Göttin – so lautet der Aufsatz, der weder unterzeichnet ist, noch irgend eine Quelle nennt – auch Ostra, Ostar und Coster [soll Eostar heißen] genannt, wurde besonders von den alten Sachsen verehrt und angebetet. Noch jetzt findet man in Niedersachsen eine Menge Ortbenennungen, die sich auf diese Göttin beziehen, z. B. der Osterwald, das Osterholz, der Osterborn, die Osterwiese, Osterbeck, Osterode; welches letztere der Hauptsitz der Göttin gewesen sein soll. Dort war ihr ein Hain geweiht.

Es gibt noch weitere Quellen aus dem 18. und 19. Jahrhundert, die auf Osterode als Hauptstandort der Verehrung einer Göttin Ostara bzw. Ostera, Ostra, oder Eostar hinweisen und auch generell auf den Harzes als Zentrum ein solcher Verehrung.

Alte Ansichtskarte von Osterode

Allerdings deckt sich die heutige Ansicht über die Herkunft des Namens von Osterode nicht mit der oben beschriebenen Verbindung zur Göttin Ostara:

Soweit bekannt, stammt die erste schriftliche Quelle, die diesen Ortsnamen erwähnt, aus dem Jahr 1152: Diese Aufzeichnung besagt, dass die „OPULENTISSIMA VILLA OSTERROTH" bei einem Konflikt zwischen Heinrich dem Löwen und dem Markgraf Albrecht dem Bären von Brandenburg zerstört wurde.

Es steht aber eindeutig fest, dass viele Jahrhunderte zuvor dieser Ort bereits bewohnt wurde.

Der Ortsname wird heutzutage damit erklärt, dass der Teil ‚-rode‘ sich auf ‚Wald abholzen‘ resp. ‚Wald roden‘ bezieht, und der Teil ‚oste‘ auf ‚östlich von‘ – dabei bleibt jedoch unklar, zu welcher Referenz das im Westen stehen soll.

Die Externsteine

Im Jahr 1734 schrieb der Theologe Christoph Friedrich Fein in seiner Preisschrift für die Berliner Universität „Wie weit ehemals die alten Römer mit ihren Waffen in Teutschland eingedrungen sind" über die Verehrung der (Göttin) Ostara an den Externsteinen. Er nannte dieses Felsformation „barbarische Altäre" und auch „EOSTRAE RUPES" (Eostra- oder Ostarasteine). Er berichtet auch, dass eine ‚deutsche Diana‘ unter dem Namen ‚Oester‘ in den umliegenden Wäldern verehrt worden sei.

Ähnlich berichtete der Meinberger Pfarrer Pustkuchen im Jahre 1762, nämlich, dass bei den Externsteinen die heidnische Göttin Ostera verehrt wurde.

Etwa zur gleichen Zeit wurde von einem Strafgerichtshof in der Nähe festgehalten, dass sich oft verdächtiges Gesindel bei den Externsteinen herumtreibe.

Ob die beiden Sachen zusammenhängen könnten?

Bild der Externsteine um 1890–1900

1793 schrieb Johann Christoph Stübner in seinen „Merkwürdigkeiten des Harzes überhaupt und des Fürstenthums Blankenburg", Band 1, Halberstadt 1793, auf Seite 194:

Horn, eine alte Stadt im Lippischen am Teutoburgischen Walde, in deren Nähe die Eostersteine liegen ...

Und Johann Heinrich Martin Ernesti schrieb in seinen „Miscellaneen zur deutschen Alterthumskunde, Geschichte und Statistik", Halle 1794, S. 553:

Eine Viertelstunde vor der Stadt (gemeint ist Horn: GS) erheben sich die bewundenswürdigen Extersteine. Das sind aber keine Elstersteine

(PICARUM RUPES) sondern Eostersteine oder Mondsteine (EOSTRAE RUPES) ...

Mit dem Namen (EOSTRAE RUPES) bezieht sich der Autor möglicherweise auf eine weitere nicht mit Namen genannte Chronik von 1750 oder auf eine Quelle aus dem 16. Jahrhundert.

Es ist nicht bekannt, ob die Eostra-Berichte in Bezug auf die Externsteine weiter zurückgehen als ins 16. Jahrhundert. Insbesondere in diesem und in den nachfolgenden Jahrhunderten erblickten mehrere Theorien über diese Felsformation das Licht der Welt und ist gut möglich, dass die Eostra-Ansicht auch zu dieser Zeit entwickelt wurde.

Ostera bei der Burg Ohlenborg

Daniel Eberhard Baring erwähnt in seiner „DESCRIPTIO SALAE" (verkürzter Titel) von 1744 ebenfalls eine Göttin Ostera. In § LVI, Seite 59, steht:

Ob man gleich jetzo allhier keine Spuhren mehr findet von einer daselbst gestandenen Burg oder einigem alten Mauerwerk, so kan es doch auch gar wohl seyn, weil diese Gegend gleich an das Haynholz gränzet; Und das Haynholz, gegen den Osterwald über gelegen, dass das bey der so genannten Ohlenborg belegene Osterthor von der im Heydenthum hieselbst etwas verehrten Waldgöttin Ostera den Nahmen behalten, und

in der so genannten Ohlenborg ein Götzentempel gestanden, so bey aufgegangenem Lichte des Heil. Evangeliums zerstöhret und abgebrochen worden; wie denn die alten Sachsen zu Beschirmung ihrer Götzen Burge und Schlösser gebauet haben.

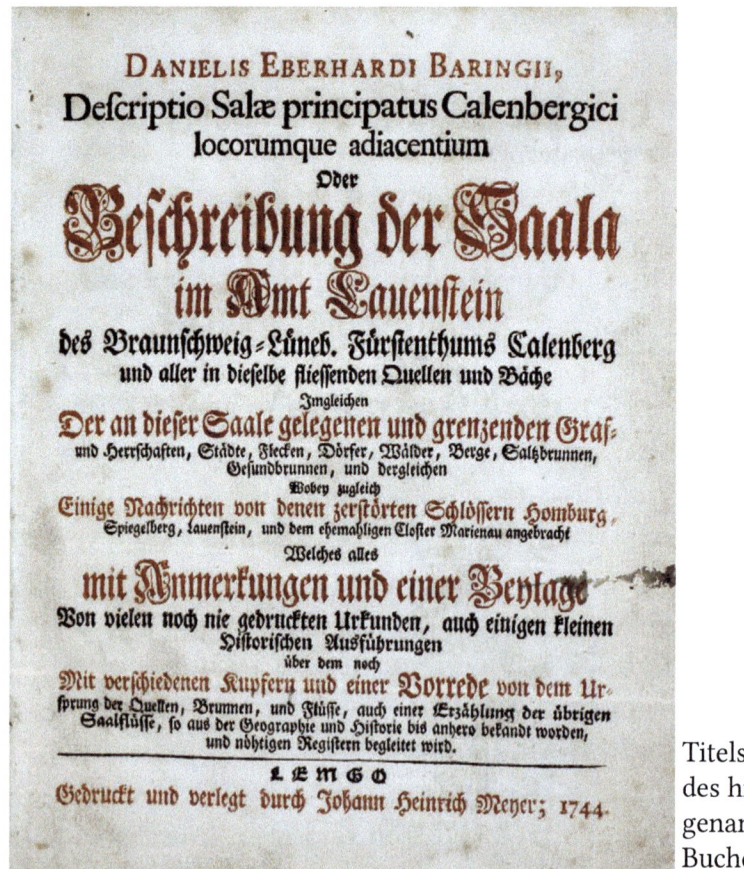

Titelseite des hier genannten Buches

Auf Neudeutsch:

Obwohl man jetzt hier keine Spuren mehr findet von einer Burg, die dort gestanden hat, oder sonstigem alten Mauer-

54

werk, kann es trotzdem schon so sein, weil diese Gegend direkt an das Haynholz grenzt. Und im Haynholz, (ein Wald bei Hohenstein-Ernstthal, westlich von Chemnitz GS), das gegenüber dem Osterwald liegt, lag die Ohlenburg, von der Ostertor seinen Namen entlehnte, in Erinnerung an die im Heidentum verehrte Waldgöttin Ostera. Und in dieser Ohlenburg hat es einen Götzentempel gegeben, der, als das Licht des heiligen Evangelium dort aufgegangen war, zerstört und abgebrochen wurde; vergleichbar mit den Burgen und Schlössern, die die alten Sachsen als Schutz für ihre Götzen bauten.

Das Zedler-Lexikon

Das „Große vollständige Universal-Lexicon Aller Wissenschafften und Künste", an dem viele Autoren mitarbeiteten, wurde von Johann Heinrich Zedler aufgelegt, der auch die Idee für das Werk hatte und es organisierte. Das vielbändige Werk wurde in der Zeit zwischen 1731 und 1754 veröffentlicht. Band 24 enthält nachfolgenden Eintrag:

Ostar, Eostar und Estar war der Name einer heidnischen Gottheit der alten Deutschen und sonderlich der Sachsen. Sie ist keine andere als die im 2. Bande Seite 1925 f. beschriebene Ostaroth oder Astarte welchen letzten Namen sie auch wirklich bei den Deutschen geführt hat.

Titelblatt des Zedler-Lexikons

Münchhausens „Wold und Ostar"

Im Jahr 1798 veröffentlichte Karl Freiherr von Münchhausen in der Leipziger Zeitschrift „Braga und Hermode", Band 3, seine Abhandlung „Wold und Ostar, zwei altdeutsche Gottheiten". Darin stellt er seine Forschung über eine ‚Ostar' dar.

Einer seiner Informanten, ein Pfarrer und ‚Gelehrter', vergaß anscheinend seinen wissenschaftlichen Hintergrund, als er seine ‚Kenntnisse' über die Herkunft des Osterfeuers beitrug:

Das stammt aus heidnischer Zeit. Die Heiden hatten einen Götzen genannt Ostar, der in Wirklichkeit der Mond war, Luna; die Phönizier beteten ihn an unter den Namen Astartes und die götzendienerischen Juden als Astaroth. Er hatte das Vorkommen einer Dirne und trug zwei Hörner oder einen Halbmond auf dem Kopf.

Eine witzige und sicher auch fantasievolle Betrachtung, bei der auch noch männliche und weibliche Wesenheiten miteinander vermischt werden.

Eine der Quellen, die Münchhausen nennt, ist Johann Weichard von Valvasor (1641–1693), der in seiner „Die Ehre des Herzogthums Crain", Lanbach 1689, auf Seite 62 über eine alte deutsche Heidengöttin namens *„Easter"* und *„Æstar"* schrieb, der im April geopfert wurde. Valvasor bezieht sich auf Beda Venerabilis, möglicherweise in Verbindung mit einer nicht weiter genannten deutschen Quelle, der er den Namen ‚*Æstar*' entnahm.

Seite aus Valvasors Buch

Münchhausen erwähnt auch Geschichten aus dem 10. und 11. Jahrhundert, in denen die Verehrung des Mondes behandelt wird und meint, das sei Ostar(a), obwohl in solchen Volkssagen aus diesen frühen Jahrhunderten keine spezifischen Götternamen genannt werden. Es war zu der Zeit auch nicht üblich einheimische Götternamen öffentlich zu verlautbaren; wenn überhaupt, dann wurden Bezeichnungen aus der Antike benutzt.

Außerdem beschreibt Münchhausen mögliche natürliche Altäre für diese Göttin, darunter den Sibillenstein bei Elstra. Er schlussfolgert aus sämtlichen alten Quellen, die er konsultierte, dass in der Vergangenheit eine Göttin Ostar oder Aster verehrt wurde.

Der Hochstein oder Sibillen-Stein bei Elstra

Politisches Entgegenkommen

Vielleicht eine originelle, aber historisch fragwürdige und sehr wahrscheinlich auch unrichtige Sichtweise ist die des Karl Georg Friedrich Goes, der in seiner Abhandlung „Der Verfall des öffentlichen Cultus im Mittelalter", Sulzbach 1820, meint:

Nach gleicher Maxime bildete man unter Kaiser Karl dem Großen aus dem Frühlingsfeste der Göttin Ostera das Auferstehungsfest des Welterlösers, und hieß es nach ihrem Namen Ostertage, wodurch die Sachsen dem christenthume sollen geneigter gewesen sein.

Nach dieser Behauptung von Goes hat also das Osterfest seinen Namen bekommen, damit die heidnischen sächsischen Verehrer Ostaras eher bereit waren zum Christentum zu konvertieren; er sieht die Namensgebung also als politisches Entgegenkommen.

Der Osterstein nahe Burg Regenstein

Gustav Friedrich Klemm schreibt in seinem „Handbuch der Germanischen Alterthümer" von 1836, Seite 293f:

Ein eigentliches Denkmal des alten Götterdienstes ist der Osterstein im Blankenburgischen, der 18 Fuss hoch und 40 Fuss breit und mit eingehauenen Löchern versehen ist. Hier fand man

1781 ein Mauerwerk von 30 F. Umkreis, dessen Mitte hohl ist und für den Standort des Altars gehalten wurde. Den Sibillenstein bei Elstra hat man ebenfalls auf den Dienst der Ostar bezogen.

Östlich nahe der Burg Regenstein lag der Osterstein-Altar.

Klemm bezieht sich u. a. auf einen vergleichbaren Eintrag in „Merkwürdigkeiten des Harzes überhaupt und des Fürsten-thums Blankenburg", von Johann Christoph Stübner, 1. Band, Halberstadt 1793, S. 195. Dieser Autor schrieb weiterhin auf Seite 196 noch über diesen Osterstein:

Osterkirche heißt eine Stelle bey der zum Amt Stiege gehörigen Schäferey, wovon die mündliche Ueberlieferung sagt, daß daselbst ein Götzentempel gestanden. Im Jahr 1781 wurde auf dieser

Stelle gegraben, um Schutt und Steine zur Wege-
besserung zu bekommen.
Also gibt es diesen Altarstein nicht mehr.

Die Corveyer Eostar-Ackersegnung

Mehrere Quellen erwähnen eine Göttin Eostar; sie wird
verbreitet mit Ostara gleichgesetzt. Der Name wurde auf
einem ,mittelalterlichen' Dokument gefunden, das nach
den Quellen lange Zeit im Kloster Corvey bei Höxter aufbewahrt wurde. Das Dokument enthielt eine kurze altsächsi-
sche(?) Ackersegnung, ein Gedicht, in dem der Name dieser
Göttin aufgezeichnet ist.

Nikolaus Hocker ist, soweit bekannt, der erste Autor,
der in seinem Buch „Deutschen Volksglaube in Sang und
Sage" vom Oktober 1853 dieses Gedicht erwähnt. In seinen
Anmerkungen am Ende des Buches schreibt er auf Seite
224:

**In einem im Kloster Korvei aufbewahrten alten
Liede heißt es von der Ostara:
Eostar, Eostar, eordhan modor (Ostar, Ostar,
Erdenmutter) ...**

Die älteste Quelle mit dem vollständigen Gedicht findet sich
bei Montanus (Vincenz v. Zuccalmaglio) in Band 1 seines
Werkes „Die deutschen Volksfeste, Volksbräuche und deutscher Volksglaube in Sagen, Märlein und Volksliedern", das
im Jahr 1854 veröffentlicht wurde.

Im Kloster Korvei wurde uns noch ein Barden-
chor aus dem altsächsischen erhalten, etwa also lautend:

Eostar Eostar neudeutsch:	Ostar Ostar
eordhan modor	Erdenmutter,
geune these	Lasse diesen
acera veaxendra	Acker wachsen,
and virdheudra	Laß ihn grünen,
eacniendra	Laß ihn blühen,
elniendra	Früchte tragen,
fridha him!	Gieb ihm Frieden!
that his erdh si gefridhod	Daß die Erde sei gefriedet,
and heo si geborgan	Daß sie sei geborgen,
as his halige	Wie die Heiligen,
the on heof enam sint.	Die im Himmel sind.

Seite aus dem Buch von Montanus

Anscheinend erschien Montanus' Buch nur wenige Monate nachdem Hockers Buch aufgelegt worden war. Bei Montanus heißt es auf Seite 28:

„Im Kloster Korvei wurde uns noch ein Barden-
chor aus dem Altsächsischen erhalten, etwa also
lautend":

Eostar, Eostar,
eordhan modor,
geune these
acera veaxendra
and virdhendra,
eacniendra,
elniendra,
fridha him!

That his yrdh si gefridhod,
and heo si geborgun,
as is halige
the on hoef enum sint.

Das Gedicht wurde nach dem aktuellen Kenntnisstand des
Altsächsischen korrigiert und liest sich dann:

Eostar, Eostar,
eordhan modor,
genne these
acera veaxendra
und wirdhendra
eacniendra
einiendra.
fridha him!
that his yrdh si gefridhod
and heo si geborgan
as his halige,
the on heofdenum sind.

Übersetzt wird das:

Eostar, Eostar, Erdenmutter,
lasse diesem Acker
wachsen und grünen,
ihn blühen,
Früchte tragen.
Frieden ihm!
Dass seine Erde befriedet sei

**Und dass sie geborgen sei
wie die Heiligen,
die im Himmel sind.**

Diejenigen, die diesen Text als ein wertvolles altes Gedicht akzeptieren, schätzen das Alter des Originaldokuments auf rund tausend Jahre. Die altsächsische Sprache ist schriftlich dokumentiert ab dem 9. bis Ende des 11. Jahrhunderts. Auf der Grundlage der verwendeten Wörter im Gedicht könnte es aus dem 10. Jahrhundert stammen.

Nach Montanus' Wortwahl hatte er vermutlich nicht das Originaldokument zur Verfügung, sondern möglicherweise eine Abschrift, die er als nicht ganz korrekt einschätzte.
Nebenbei: Auch in „Deutsche Pflanzensagen" von 1865 von Anton Ritter von Perger, Professor und Scriptor der Wiener Hofbibliothek, ist dieses Gedicht auf S. 30 zu lesen.

Sehr wahrscheinlich ist das Original verloren gegangen, gut möglich während des Dreißigjährigen Krieges, denn zu der Zeit wurde das 822 gegründete Benediktinerkloster stark zerstört; ein „großer Klosterbrand" (das Blutbad von Höxter 1635) hat auch große Teile der Klosterbibliothek vernichtet. Die zuvor erwähnte Abschrift wird dann möglicherweise aus dem Gedächtnis eines Mönches, der das Dokument kannte, aufgeschrieben worden sein. Aber auch eine Abschrift ist nicht mehr aufzufinden. Dennoch, die an mehreren Stellen geäußerte Ansicht, es habe das Dokument nie gegeben, ist weniger wahrscheinlich. Das Verschwinden mittelalterlicher Dokumente ist leider keine

Seltenheit – manche sind nur in Erinnerung geblieben, weil sie in anderen, erhaltenen Werken zitiert wurden.

Westwerk Benediktinerabtei Corvey; der einzig erhaltene Teil des Klosters nach dem Brand 1635.

Vom Ende des 10. oder Anfang des 11. Jahrhunderts, etwa aus der gleichen Zeit, auf die das Corveyer Dokument datiert wird, ist aus dem angelsächsischen England ein Ritual erhalten geblieben, das einen Acker vor der Aussaat wieder fruchtbar machen sollte. Dieses „Æcerbot" genannte Zauberlied ist deutlich länger als das Eostar-Gedicht, aber es zeigt mit diesem eine bemerkenswerte Ähnlichkeit.

In der Tat werden so viele ähnliche Worte benutzt, dass eine Verbindung zwischen den beiden sehr wahrscheinlich ist. Aber wie diese Verbindung zustande gekommen ist, geht leider nicht über Raten hinaus. Einige Vorschläge sind:

- Das altenglische Æcerbot-Ritual war die Vorlage für das Corveyer Gedicht.
- Das Corveyer Gedicht war Vorlage für das viel längere Æcerbot-Ritual, das später also ergänzt wurde.
- Beide wurden von derselben Person geschrieben. (Mönche reisten tatsächlich oft genug zwischen England und dem Kontinent, um so etwas möglich zu machen).
- In einer eher abwegigen Theorie wird das Corveyer Dokument als eine Fälschung des 18. Jahrhunderts angesehen, für die das Æcerbot Gedicht als Vorlage verwendet wurde.

Hier ein Vergleich:

Ein Teil des Æcerbot-Rituals	Das Corveyer Gedicht
Erce, Erce, Erce, eorþan modor.	Eostar, Eostar, eordhan modor,

Ein Teil des Æcerbot-Rituals	Das Corveyer Gedicht
Geunne þe se alwalda, ece drihten æcera wexendra and wridendra, eacniendra and elniendra, sceafta hehra, scirra wæstma, and þæra bradan berewæstma,and þæra hwitan hwætewæstma, and ealra eorþan wæstma. Geunne him, ece drihten, (and his halige þe on heofonum synt), þæt hys yrþ si gefriþod wið ealra feonda gehwæne, and heo si geborgen wið ealra bealwa gehwylc, þara lyblaca geond land sawen. Nu ic bidde ðone waldend se ðe ðas woruld gesceop, þæt ne sy nan to þæs cwidol wif, ne to þæs cræftig man þæt awendan ne mæge word þus gecwedene. Hal wes þu, folde,fira modor! Beo þu growende on godes fæþme, fodre gefylled, firum to nytte.	genne these acera veaxendra und wirdhendra eacniendra einiendra. fridha him! that his yrdh si gefridhod and heo si geborgan as his halige, the on heofdenum sind.

Zur Vervollständigung die Übersetzung des Æcerbot-Rituals, übernommen aus „Der Nerthus -Anspruch", Seite 121f.

Die Erde bitt ich
und den Oberhimmel:
Erce, Erce, Erce
Erdenmutter
Es gönne der allwaltende ewige Herrscher,
Dass die Äcker
grünen und gedeihen,
Voll werden
und sich kräftigen,
Er gönne Garben
Und des Roggens Wachstum
Und des weißen
Weizens Wachstum
Und aller Erde Wachstum –
Es gönne ihm
der ewige Herr
und seine Heiligen,
die im Himmel sind,
dass sein Erdboden
gefriedet sei
gegen alle Feinde
immerdar,
und dass sie geborgen
sei gegen alles Übel,
und Zauberlieder,
die im Land sind.
Nun bitte ich Dich Waltender,

der die Welt geordnet hat,
dass keine beredte Frau
und kein kundiger Mann
zu wenden vermöge das Wort,
das gesprochen wurde.
Heil sei dir, Erdflur,
der Irdischen Mutter!
Sei du grünend in
Gottes Umarmung,
Mit Frucht gefüllt
den Irdischen zu frommen.

Die Gambacher „Oistirsteynen"

Bei Gambach, jetzt der größte Stadtteil von Münzenberg in Hessen, gab es eine Flur, deren Namen 1351 aufgezeichnet wurde als „Osterfeld", 1363 als „Ostirfeld" und 1403 als „uff dem Ostirfelde". Die Felsenformation auf dem Feld wurde ebenfalls 1403 dokumentiert als „an den Oistirsteynen". Im Jahr 1845 wurden diese Felsen zum Großteil gesprengt und die Steine als Baumaterial verwendet.

Der deutsche Gelehrte, Autor und Germanist Johann Wilhelm Wolf beschreibt einige Einzelheiten bezüglich dieser Felsen in seinem Werk „Beiträge zur deutschen Mythologie 1: Götter und Göttinnen", aus dem Jahr 1853. Er bezieht sich dabei auf ein Werk von 1847, in dem die Gesteinsformationen recht detailliert beschrieben werden. Die Darstellung betont, dass die Oberseite der Felsen nicht natürlicher Herkunft sei. Es sieht aus, als sei sie bewusst durch Menschen abgeflacht und enthält kleine Rinnen; der deutliche Eindruck entsteht, dass der Platz in früheren Zeiten als Opferaltar verwendet worden sei. Nachdem die Felsenformation gesprengt worden war, fand man eine Mischung aus Erde und alter Asche, die offensichtlich auf Feuer in der Vergangenheit hinweist. Einer der Risse in den Felsen wurde von den Einheimischen „der Backofen" genannt.

Der Autor erwähnt auch ein Stückchen Brauchtum um diesen Fels. Knaben aus zwei Dörfer aus der Nähe lieferten sich einen Wettlauf zu den Felsen mit dem Ziel, als Erster auf die Spitze zu kommen. Während dieses Wettlaufs bewarfen sie dabei die Jungen aus dem jeweils anderen Dorf mit Steinen um deren Lauf zu verzögern. Dieser Wettbewerb wird vom Autor als Symbol für den Kampf zwischen Winter und Sommer interpretiert.

Heutige Reste der
Ostersteine bei Gambach

Wegen des Flurnamens und der künstlichen Bearbeitung an der Spitze der Gesteinsformation wird dort von mehreren Autoren eine Kultstätte für die heidnische Göttin Ostera/Ostara angenommen. Ein möglicher alter heidnischer Kultplatz wäre hier tatsächlich nicht abwegig.

Orts-, Gewässer- und Personennamen

Sehr alte Namen von Orten, von Gewässern und von Menschen, die vor langer Zeit lebten, wurden und werden auch heute noch oft als Indizien für die Verehrung alter heidnischen Gottheiten gesehen. Das ist aber eine heikle und bei manchen Namen auch umstrittene Beweisform.

Aus einer entsprechenden Vermutung (re)konstruierten Linguisten das Wort *ēoster* und das wird dann oft als eine mögliche Urform des Göttinnennamens Ēostre betrachtet. Folgendes hängt damit zusammen:

Im Jahr 702 oder 703 berief König Aldfrith von Northumbria ein Gericht, das er „Rat von Austerfield" nannte; die lateinische Formulierung lautet:

„IN CAMPO QUI EOSTREFELD DICITUR" oder auch „IN CAMPO QUI DICITUR OUSTRAEFELDA", mit der Bedeutung ‚an einem Ort genannt Austerfield'. Dieser Platz wurde als der Ort ‚Austerfield' in der Nähe von Yorkshire identifiziert. Der hier genannte Ortsname wird in England mit dem zuvor genannten *ēoster* und dann auch mit der Göttin Ēostre in Zusammenhang gebracht – der Platzname ist jedenfalls alt genug, um eine solche Verbindung möglich sein zu lassen.

König Aldfrith von Northumbria

Andere englische Ortsnamen, die auch in Verbindung mit dem Namen dieser Göttin gebracht werden, sind Eastry in Kent, Estrey in Cambridgeshire und Eastrington in der Nähe von Yorkshire. Doch dies bleibt alles Annahme, keine verfügt über eine solide Beweislage. Es ist nicht bekannt, ob diese Ortsnamen aus heidnischer Zeit stammen. Von den hier genannten, hat jedenfalls Eastry den ältesten schriftlichen Beleg; der Ort wurde 788 als *Eastrgena* in einem Dokument erwähnt. Es wird aber angenommen, dass die Namen deutlich älter sind als ihre erste Aufzeichnung.

In Deutschland werden Ortsnamen wie Osterholz, Osterode und Austerthal manchmal auch über Umwege in Zusammenhang mit Ostara gebracht.

Man muss sich aber schon klarmachen, dass die Bezeichnungen von Plätzen, die den Begriff ‚Osten‘ in irgendeiner Form als ein Teil ihres Namens haben, wahrscheinlich nicht auf eine heidnische Gottheit deuten, sondern sich eher auf die Himmelsrichtung beziehen, z. B. östlich von einem anderen Ort, von einem Fluss, einem Wald usw.; dies gilt in jedem Fall für solche Orte, die zum ersten Mal nach 900 gegründet und dokumentiert sind.

In mehreren Namen von Menschen wird ebenfalls das Wort *ēoster* identifiziert. Der Name Easterwine ist als Name eines Abtes aus dem 7. Jahrhundert aufgezeichnet, und er ist auch mehrfach für andere Menschen schriftlich belegt.

Easterwulf ist ein weiteres Beispiel für einen männlichen Namen. Und der weibliche Name Aestorhild könnte eine frühe Form des späteren Estrild sein. Von Namen auf dem europäischen Festland wie Austrechild, Austrighysel, Austrovald und Ostrulf werden ähnliche Verbindung vermutet, dann mit einer Göttin Ostar, Ostera usw.

Mehrere Wissenschaftler vermuten in den Namen verschiedener Plätze oder Orte, die auf den Namen einer Gottheit hinweisen können, einen alten (germanischen) Brauch, der bereits im Jahr 98 durch den römischen Historiker Tacitus beschrieben worden sein soll. Kapitel 9 seines ethnografischen Essays „Germania" endet mit den Worten:

LUCOS AC NEMORA CONSECRANT DEORUMQUE NOMINIBUS APPELLANT SECRETUM ILLUD, QUOD SOLA REVERENTIA VIDENT.

Übersetzt:

Sie weihen Wälder und Haine mit den Namen der Götter und benennen damit deren Geheimnis, das man nur in der Verehrung erkennt.

Dieser Satz wird dann so interpretiert, dass auf Plätzen, die einen Götternamen trugen, die jeweilige Gottheit auch verehrt wurde. Vor allem, so wird vermutet, sollen die Sachsen diese Tradition bis zu ihrer Bekehrung zum Christentum in Ehren gehalten haben.

Vielleicht ist es überflüssig, aber es soll dennoch darauf hingewiesen werden, dass Namensverbindungen mit der Göttin Ostara bzw. Eostre jeweils vielleicht nur auf einer gemeinsamen sprachlichen Wurzel beruhen; in fast allen Fällen ist nicht überprüfbar, ob Bezeichnungen von Plätzen, Personen usw. direkt oder indirekt ihre Namen von dieser Göttin bekamen.

Dennoch ist es wichtig festzustellen, dass der englische Begriff Easter und das deutsche Ostern bzw. Ostre oder Ostra überhaupt in Personennamen vorkommt. Ortsnamen können nach einer Gottheit benannt werden, Personennamen können auf eine Gottheit zeigen. Menschen verehren oder opfern aber nicht einer Windrichtung oder dem Namen einer Gemeinde. Daher scheint die Annahme erlaubt und gerechtfertigt, dass, wenn Feste zu Ehren von Eastre, Eostre, Ostre, Ostera (in dieser oder in einer anderen Schreibweise) gefeiert werden, der Name auf eine Person bzw. Gottheit hinweist.

den. Oſtera komme aber her von Oſt und Ar, welches auf Gothiſch das Jahr bedeutet, und erkläret es durch unſer Frühjahr oder Vorjahr.' Der daſelbſt angeführte Herr von Leibnitz, hält nichts wahrſcheinlicher, als, daß durch Eoſtra die Morgenröthe verſtanden werde, indem Oſt bey den Deutſchen der Aufgang heiſſe, bey den Engelländern: Eaſt, bey den Italiänern Oſtro; in dem Märzmonat aber, (da gedachte Göttin verehret ſeyn ſoll) und um die Zeit, da Tag und Nacht im Frühling gleich, die Sonne recht im Aufgange ſey. In der neuen Vorrede zur dritten Auflage von 1737. wird auf der neunten

Erörterung über die Herkunft Osteras aus „Historisch-dogmatische Abhandlung von den Fest- Feier- und Sonntagen", S. 35, von Dietrich A. von Stade 1795

Tradition und Volksgebräuche

Um es besser gleich zu Beginn dieses kleinen Kapitels klar zu machen ...

Es gibt aus heidnischer Zeit keine Bräuche, Traditionen oder Überlieferungen, die nachweislich der Göttin Ostara, Eostre usw. zugeschrieben werden können, es gibt nur Bedas generelle Bemerkung, dass ihr zu Ehren im April gefeiert wird. Darüber hinaus ist bei vielen Bräuchen und Traditionen nur die allgemeine Bemerkung möglich, dass sie vielleicht einmal auf dem europäischen Festland oder in England Teil einer heidnischen Kultur gewesen sein könnten, weil

- sie im Allgemeinen zu Naturreligionen passen;
- sie nach Aufzeichnungen in anderen heidnischen Kulturen stattfanden;
- sie zu den wiederkehrenden jahreszeitlichen Merkmalen gehören.

Alle nachfolgenden Beispiele wurden (für einige gilt das noch immer) innerhalb des Christentums praktiziert und sie sind Teil christlicher Folklore und Brauchtums. Es kann nur eine Frage der persönlichen Ansicht sein, auch eine frühere heidnische Verbindung darin zu sehen. Nichtsdestoweniger hängen die meisten Osterbräuche zusammen mit dem Frühling, mit dem Wiedererwachen der Natur, mit den gerade neu bebauten oder eingesäten Äckern und mit der Fruchtbarkeit von Pflanzen und Tieren. Dies ist nicht spezifisch für eine bestimmte religiöse Kultur, es darf als sicher gelten, dass Menschen aus vorchristlicher europäischer Zeit sie auch kannten. Zusätzlich haben viele Bräuche keinen direkt erkennbaren Zusammenhang mit dem christlichen Ostern oder mit dem Christentum im Allgemeinen – für den Erfolg des Christentums war es aber selbstverständlich sich Teile des örtlichen, bzw. regionalen Brauchtums einzuverleiben und gegebenenfalls umzudeuten.

Obwohl es also keine klaren Beweise, nicht einmal eindeutige Indizien gibt, kann trotzdem angenommen werden, dass viele Osterbräuche, die wir aus dem christlichen Mittelalter kennen, ihre Entsprechung in irgendeiner Form in heidnischen Zeiten hatten. Daher ist der Gedanke nicht weit hergeholt, dass so manche der im Folgenden beschriebenen Traditionen und Bräuche nach der Christianisierung übernommen wurden, wahrscheinlich neu gedeutet und vielleicht auch ein wenig verändert, angepasst an die religiöse Akzeptanz und sicherlich auch an den kulturellen und sozialen Wandel der Zeit. Andere Bräuche hingegen sind sehr wahrscheinlich erst während den letzten Jahrhunderte entstanden und haben ihre Wurzeln demnach innerhalb der christlichen Kultur. Teilweise werden diese wieder in das neue Heidentum übernommen.

Die folgende kurze Liste von Überlieferungen, Bräuchen und Traditionen sind beschränkt auf die britischen Inseln, Deutschland, die Niederlande und Belgien. Natürlich gibt es in anderen Ländern ähnliche oder andere Gepflogenheiten, aber das würde den Rahmen dieses Kapitels sprengen, es wäre Stoff für mindestens ein weiteres Buch. Schließlich ist auch die hier veröffentlichte Übersicht lange nicht vollständig, vieles steht exemplarisch für sehr viele andere mehr oder weniger mit Ostern verbundenen Bräuche und Traditionen, wie ein Blick in einige der Quellen am Ende zeigen kann.

Osterhase, Ostereier

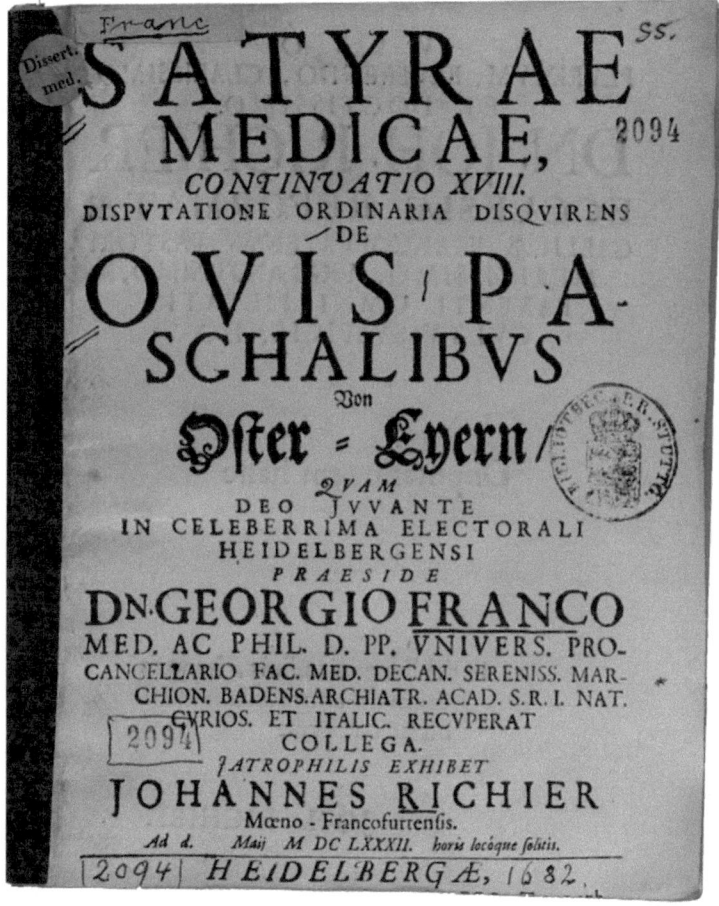

Titelseite von DE OVIS PASCHALIBUS (**Von den Ostereiern**)

Obwohl Osterhase und Ostereier oft in Zusammenhang mit einem heidnischen Fest der Eostre oder Ostara gebracht werden, ist eher wahrscheinlich, dass sie nicht westeuropäisch-heidnischen Ursprungs sind, soweit es sich um Germanen und wahrscheinlich auch Kelten handelt.

Der Osterhase wurde zum ersten Mal vom Professor für Medizin Georg Franck von Franckenau in seiner Abhandlung „DE OVIS PASCHALIBUS – Über Ostereier" von 1682 erwähnt. Er beschrieb für Regionen im Südwesten Deutschlands und angrenzenden Gebieten in Frankreich die Tradition, Ostereier in Gärten zu verstecken, wo Kinder diese dann suchen, zur Freude und Belustigung der zuschauenden Erwachsenen. Dass diese Eier von einem Osterhasen versteckt würden, nennt der Autor eine Fabel, die einfachen Menschen und Kindern erzählt werde.

Im 19. Jahrhundert brachten deutsche Einwanderer diese Eier-Versteck-Tradition in die Vereinigten Staaten, einschließlich der Hasen-Fabel.

Es ist durchaus möglich, dass der Osterhase in den westlichen Kulturen christlichen Ursprungs ist. Aus dem Mittelalter ist eine reiche und vielfältige Hasen-Symbolik überliefert, diese wird z. B. in vielen Gemälden ausgedrückt. Bereits im 4. Jahrhundert wies in Italien der heilige Ambrosius auf den Hasen hin als Symbol der Auferstehung.

Das Ei erscheint in vielen alten Religionen und alten Mythen rund um die Welt, zum Beispiel in Ägypten, China, Indien und Griechenland. Das Brechen der Eierschale und das Hervorkommen neuen Lebens daraus wird oft als Symbol oder Allegorie für „ins Leben treten" generell interpretiert. Schon früh wurde es innerhalb des Christentums auch mit dem Schöpfungsmythos in Verbindung gebracht. In vielen Traditionen auf der ganzen Welt steht das Ei mit Einweihungsriten, Fruchtbarkeitsfesten und landwirtschaftlichen Ritualen in Zusammenhang. Während wir aus dem Christentum älteres und neueres Brauchtum um Eier kennen, gibt es keine alten Aufzeichnungen darüber, dass Kelten oder Germanen eine ähnliche Eier-Symbolik kannten, zumal die Haltung von Hühnern erst durch die Römer in den von ihnen besetzten Gebieten weite Verbreitung fand.

Das bedeutet nicht, dass Eier keinen Platz im religiösen Leben der heidnischen Kelten und Germanen gehabt hätten, es bedeutet nur, das wir darüber keine verlässlichen Informationen haben.

Osterfeuer

Im Mittelalter haben Kirchenführer in vielen Bezirken die Tradition des Osterfeuers untersagt, weil es als ein Überbleibsel aus heidnischer Zeit angesehen wurde. Dennoch gelang es nicht, dieses Brauchtum völlig verschwinden zu lassen. Aus dem Jahr 1342 ist der Bericht überliefert, dass ein Graf von Hörde, (früher eine eigenständige Stadt, jetzt ein Stadtteil von Dortmund), es den Menschen gestattete auf einem Hügel seines Anwesens Osterfeuer zu brennen.

Johann Timeus beschreibt in seinem Buch „Vom Osterfeuer", Hamburg 1590, wie die Menschen im Umkreis der

Städte Braunschweig, Hildesheim und Lunel auf Hügeln Osterfeuer brannten und sich um sie herum amüsierten mit Musik, Tanz und Spielen. Nach dem Fest sprangen sie über das Feuer und es wurden auch Rinder durch die Asche getrieben.

Osterfeuer im Göttinger Stadtteil Weende

Diese Bräuche könnten tatsächlich auf erhaltene Fragmente aus heidnischen Zeiten hinweisen – möglicherweise auf die Feuer einer Göttin Ostera, Ostra usw.

Zumindest bis ins 17. Jahrhundert haben viele führende Mitglieder des Klerus sich beschwert über die „störenden, beschämenden und skandalösen Osterfeuer".

Die englischsprachige „Catholic Encyclopedia" (online) enthält den nachfolgenden (übersetzten) Eintrag zum Osterfeuer. Als eine der Hauptquellen dafür wird der deutsche Historiker, Brauchtumsforscher, Sprach- und Kulturwissenschaftler Otto Freiherr von Reinsberg-Düringsfeld (1822–1876) angegeben:

Das Osterfeuer wird angezündet auf Berggipfeln (Osterberg) und muss angefacht werden mit Hilfe eines kleinen neuen Feuers, das durch Reibung entzündet wird. Dies ist ein Brauch heidnischen Ursprungs, der in ganz Europa gebräuchlich war, und soll den Sieg des Frühlings über den Winter symbolisieren. Die Bischöfe erließen weitreichende Edikte gegen die frevelhaften Osterfeuer (Conc. Germanicum, a. 742, cv; Konzil von Lestines, a. 743, n. 15), aber es gelang nicht sie überall abzuschaffen. Daraufhin adoptierte die Kirche diese Feiern in ihren Osterzeremonien und bezog sich dabei auf die Feuersäule beim Zug durch die Wüste (2. Mose 13, 21 und 22 – GS) und auf die Auferstehung Christi; das neue Feuer am Karsamstag wird mit Hilfe von Feuerstein entfacht, als Symbol für die Auferstehung des Licht in der Welt aus dem Grab heraus, das verschlossen war mit einem Stein (Missale Rom.).

In einigen Gegenden wurde eine Puppe in das Osterfeuer geworfen, die den Winter symbolisierte, aber für Christen entlang des Rheins, in Tirol und Böhmen wurde diese zu Judas, dem Verräter.

Johannes Letzner berichtet in seinem Buch „Historia S. Bonifacij, Der Teutschen Apostel genandt" aus dem Jahr 1602:

Nach der Bekehrung aber und als diese Leut Christen wurden, hat man auf demselbigen Hügel am Ostertage mit der Sonnen Untergang noch bei Menschen Gedenken das Osterfeuer gehalten, welches die Alten Bocksthorn geheissen.

Letzner nennt dafür als Gewährsmann den Benedictiner Mönch und Historiker Conradus Fontanus von Huxar aus dem 13. Jahrhundert.

Der Name ‚Bocksthorn' und dessen Bedeutung wurde bereits an mehreren Stellen erörtert; er kann den Haufen Reisig für das Osterfeuer bedeuten, in einer anderen Ansicht wird davon ausgegangen, dass der Begriff hinweist auf den alten (heidnischen) Brauch, das Vieh durch die Asche des Feuers zu treiben.

Christian August Vulpius hat dazu eine andere Meinung. In sein „Curiositäten der physisch literarisch artistisch historischen Vor- und Mitwelt, Band 2, S. 458f von 1812 schreibt er, sich dabei berufend auf die Dissertation von Johann Michael Heineccius „DE ANTIQ. GOSLAR. TUTELARIBUS MAR., SIMONE ET JUDA THADD. AC MATTH." von 1706:

Aber ein großes, heiliges Horn war es besonders, welches dem Dienste der Göttin Ostera gebraucht wurde. Dieses wurde an gewißen sichern Oer-

tern aufbewahrt, und viele Oerter am Harze (wo diese Göttin besonders verehrt wurde) führen den Namen Horn, so auch im Bremischen, Heilshorn, Bogshorn, d.i. Gotteshorn im Lüneburgischen, Mahnhorn, d.i. Horn des Mahns, Mondes. Dessen gehörnte Form sollte auch das heilige Horn darstellen, denn die Göttin Ostera war der angebetete Mond.

Zurück zu Letzner, der also berichtet, dass es Osterfeuer bereits zur Zeit des Bonifatius (673–755) gab und anscheinend auch schon, bevor die Menschen das Christentum annahmen. Allerdings verbindet er dies nicht mit einer Göttin Ostar oder Ostara, sondern mit der sächsischen Gottheit ‚Reto‘, dessen Altar durch Bonifatius zerstört worden sei. Es besteht die Vermutung, dass diese Gottheit Reto in irgendeiner Weise assoziiert werden kann mit der Göttin Hretha, die von Beda erwähnt wird.

Obwohl als wahr angenommen werden kann, dass rituelle Feuer im allgemeinen in vielen heidnischen Bräuchen in den verschiedensten Regionen der Welt ihren Platz hatten und haben, gibt es dennoch keine gesicherten Belege bezüglich heidnischer Feuerrituale zur Frühjahrstagundnachtgleiche aus vorchristlicher Zeit in Westeuropa.

Die ersten schriftlichen Zeugnisse für ein Osterfeuer gibt es aus Frankreich um 750 – wenn aber Letzners Angabe stimmt, dann wurden Osterfeuer bereits früher in Deutschland abgehalten.

Osterfeuer finden noch heute in mehreren Ländern statt. An einigen Stellen bringen den Menschen das ganze Jahr hindurch Äste, Zweige und andere natürliche brennbare Dinge zum Feuerplatz. Sowohl spezifisch christliche als auch mögliche heidnische Bedeutungen sind für diese Feuer im Umlauf: Die riesigen Freudenfeuer sollen die Essenz des Lebens symbolisieren, sie sollen Fruchtbarkeit, Wachstum und eine reiche Ernte sicherstellen. Und sie werden auch als Symbol für die Auferstehung Christi gesehen.

Der Tag des Osterfeuers unterscheidet sich von Ort zu Ort; teils werden sie am Samstag vor Ostern entzündet, teils am Abend des Ostersonntags.

An vielen Orten stehen die Menschen nicht nur in einem Kreis um das Feuer, sondern es wird auch getanzt und gesungen. Damit soll die Freude zum Ausdruck gebracht werden, den Sommer begrüßen zu dürfen, oder auch die Freude über die anstehende Auferstehung Christi gezeigt.

Weiteres Brauchtum

Spätestens bis zum Tag vor Ostern sollen Kartoffeln und Petersilie gesät oder gepflanzt werden.

Am Tag vor Ostern werden Spiele für Erwachsene und für Kinder organisiert. Es wird vermutet, dass es sich hier um Überreste der alten Fruchtbarkeitsriten für die Äcker und Gemüsegärten handelt.

In früheren Zeiten wurden zu Ostern neue Soldaten vereidigt und es fanden öffentliche Gelöbnisfeiern statt. Dies hängt wahrscheinlich mit der alten Gewohnheit zusammen, keine Kriege im Winter zu führen. Im Frühjahr wurden die Truppen dann wieder in Bereitschaft gebracht.

Heißwecken bzw. hot cross buns

Heißwecken (warme Hefebrötchen) wurden und werden noch immer vor allem in der Zeit vor Ostern gegessen, in einigen Gegenden am Anfang oder während der vorösterlichen Fastenzeit. In anderen Gebieten werden sie nicht gegessen, sondern in der Nähe einer Feuerstelle oder an einem anderen zentralen Ort zuhause aufgehängt; das sollte ein ganzes Jahr Glück bringen. An einigen Orte werden sie nur am Karfreitag gebacken, denn nur dann sollen sie beschützende Kräfte haben und Krankheiten heilen können. Weil auf den Brötchen ein Kreuz eingeritzt ist, sieht dieser Brauch auf den ersten Blick nach reiner christlicher Tradition aus. Doch Kuchen oder Kekse mit einem Kreuz waren schon im heidnischen Griechenland bekannt. Sonnenkreuze sind in vielen alten Kulturen auf der ganzen Welt nachgewiesen, sie gehen sogar zurück bis in die Steinzeit; die Vermutung, dass solche Kreuze auch in vorchristlichen germanischen oder keltischen Kulturen z.B. als Symbol für die wiederkehrende Kraft der Sonne im Frühjahr vorkamen, ist deshalb nicht wirklich abwegig.

Es finden Prozessionen statt, an denen nur Jungen teilnehmen, sowohl für Kinder, als auch für Erwachsene. Bei einigen wird viel Lärm gemacht, um den Winter zu vertreiben, bei anderen werden Fackeln getragen, als Symbol für die zunehmende Stärke der Sonne, das zunehmende Tageslicht, das den Sommer ankündigt und natürlich als Symbol für die Auferstehung Christi.

Das Bemalen von Eiern an oder kurz vor Ostern ist eine alte Tradition. Während das Ei selber das Leben symbolisiert, haben auch die verschiedenen Farben ihre Bedeutungen: Gold steht für Kostbarkeit, grün für die pflanzliche Natur, usw.

Es gibt viele unterschiedliche Arten von Spielen mit Eiern, wie z.B.
- sie den abschüssigen Hang eines Hügels herunterrollen zu lassen, wobei derjenige gewinnt, dessen Ei am weitesten rollt.

- sie über das Dach eines Hauses zu werfen, wobei die Schale nicht zerbrechen darf.
- sie gegen ein Ei zu schleudern, das jemand in seiner Hand hält, mit dem Ziel, die Schale des anderen Eis zu brechen; dabei soll die Schale des eigenen Eis ganz bleiben.
- In einer Variante werden die Eier in den Händen der Opponenten gehalten, die sie gegeneinander schieben und drücken; Verlierer ist der, dessen Eierschale zuerst zerbricht.

Selbstverständlich sind diese Eier alle zuvor hartgekocht.

Dekorierte Ostereier

In einem anderen Eierspiel hält jemand ein (gekochtes und geschältes) Ei zwischen Zeigefinger und Daumen. Ein Gegner versucht, eine Münze in das Ei zu werfen. Wenn die Münze darin stecken bleibt, gewinnt er das Ei, ansonsten erhält der Gegner die Münze. Das Spiel ist für den Eihalter oft schmerzhaft, weil es weh tun kann, wenn die geworfene Münze nicht das Ei, sondern die Fingerknochen trifft.

Ein weiterer Brauch ist das Ausblasen roher Eier um diese anschließend zu bemalen. Als Motive sind Miniaturbilder oder ornamentale Verzierungen üblich. Diese Schmuckeier werden dann oft ausgestellt. Dies hat sich zu einer wahren Kunst entwickelt.

Bodenaltar für ein heidnisches Ostarafest aus heutiger Zeit

Wenn ein Schuldner seine Schulden vor oder zu Ostern bezahlt, ist er wieder ein freier Mann; dies wird verglichen mit einem Hasen, der nicht von einen Hund gejagt wird. In einigen Gegenden musste die Zahlung auch einige (farbige) Eier enthalten.

Noch heute gibt es den Brauch des ‚Osterlachens‘, symbolisch für das Freimachen des Geistes nach Anhörung eine Predigt über das Leiden Christi. Vermutet wird eine ältere Bedeutung für dieses Lachen: Es sollte dazu dienen, sich der kummervollen, überwältigenden Schwierigkeiten des Winters zu entledigen oder diese zu vergessen und den Frühling fröhlich willkommen zu heißen. Hierzu kommen Menschen zu Ostern in Gruppen zusammen, in denen dann lustige Geschichten oder Witze erzählt werden als traditionelle Art und Weise zum Lachen zu kommen.

Wenn zwei Menschen über ein (kleines) Osterfeuer springen, sollen sie entweder innerhalb eines Jahres heiraten, oder, wenn sie bereits ein Paar sind, soll die Frau innerhalb eines Jahres schwanger werden. Diesen Brauch kennt man auch bei Mitsommerfeuern.

Glühende Holzkohle aus dem Osterfeuer wird in die Häuser der Dorfbewohner gebracht; das soll vor Hagel, Blitzschlag oder Tierkrankheiten schützen.

Männer gehen mit brennenden Fackeln durch die Straßen, spielen Instrumente (z. B. Schalmeien und Zithern) und singen dabei. Sie werden gefolgt von Kindern, die Körbe tragen, in denen sie Eier, Brot, Wein oder Feuerholz für das darauf folgende Osterfeuer sammeln.

In einigen Gegenden nehmen die Jungen am Ostersonntag den Mädchen die Schnallen weg. Und am Ostermontag nehmen die jungen Frauen den Jungen Schuhe und Schnallen weg. Am Mittwoch nach Ostern werden diese Dinge dann wieder gegen ein kleines Pfand zurückgegeben; diese Pfänder wurden dann verwendet, um eine ‚Rainfarnkuchenparty' mit Tanz zu organisieren.

Eine Schuhspende, bitte, für die Osterfeier.

Gruppen junger Männern führen als Spiel eine stilisierte Schlacht vor, in der Tod und Auferstehung hervorgehoben werden. Es wird angenommen, dass dies die Rückkehr des

Lebens in der Natur nach dem Sieg des Frühjahrs über den Winter symbolisiert.

Um Ostern gibt es für die Jugend Laufwettbewerbe durch die Felder, manchmal wird mit bloßen Füßen über nasses Gras gelaufen. Der Preis für den Gewinner ist ein Kuchen.

Am Ostermontag werden zwischen benachbarten Dörfern Wettkämpfe im Flaschen-Wegtreten organisiert, auch hierbei wird eine heidnische Wurzel vermutet.

Hasenpastete (Englisch: Hare pie)

Einen weiterer Brauch wird so geschildert:
Es fängt an mit dem Werfen von Stücken Hasenpastete auf die Teilnehmer; dies soll zurückgehen auf sächsische Osterhasenriten, aber es wird auch behauptet, dass es zurückgeht auf ein jahrhundertealtes Vermächtnis: Ein Stück Land wurde einem Pfarrer verliehen unter der Bedingung, dass er und seine Nachfolger jährlich zu Ostern zwei Hasenpasteten, genügend Bier für

alle liefern sollten und zwei Dutzend kleine Natronbrötchen, die am Ostermontag kleingeschnitten werden ...

Roy Christian

Weil in vielen Kulturen Wasser als lebensspendendes Element angesehen wird, gibt es zu Ostern auch Bräuche, die mit Wasser, dem Osterwasser zusammenhängen:

Zwischen Mitternacht und dem Morgengrauen des Ostersonntagmorgen wird frisches Wasser aus einem Flüsschen oder einem Bach geschöpft und unter völligem Stillschweigen nach Hause getragen. Damit soll man das ganze Jahr Augenerkrankungen, Hautausschlag und andere kleinere Krankheiten heilen können und es soll auch Jugendlichkeit und Schönheit bis zum nächsten Osterfest gewährleisten.

Um ihre Fruchtbarkeit zu sichern haben junge Frauen schweigend gegen den Strom des Gewässers Wasser geschöpft und das in den nachfolgenden Tagen getrunken. Während dieses Wasserschöpfens und bis das Wasser im Haus auf seinen Platz gelagert war, durfte das Schweigen nicht gebrochen werden, denn nur dann würde das Wasser seine segnenden und heilenden Kräfte behalten. Auch durfte beim Tragen außerhalb und innerhalb des Hauses kein Tropfen Wasser verloren gehen oder auch nur heruntertropfen.

Als Zeichen der Dankbarkeit für das lebenspendende Wasser werden zu Ostern Brunnen schön mit bunt bemalten (ausgeblasenen) Eiern, Kränzen und Blumen geschmückt.

Nachwort

Am Ende sollte der Hinweis nicht fehlen, dass wir uns in unserer Zentralheizungszeit mit genug Nahrung und frischen Früchten das ganze Jahr hindurch nicht mehr vorstellen können, welche Erleichterung und Freude es war, wenn endlich der Frühling kam. In Häusern, deren Fensterlöcher höchstens von Schweinsblasen verschlossen werden konnten und die bei strenger Kälte mit Stroh ausgestopft werden mussten, durfte wieder frische Luft einziehen; das Licht war zurückgekehrt, Kienspahn, Öllampe und Fackel konnten gelöscht werden. Kälte, Dunkelheit und Hunger hatten ein Ende. Frische Kräuter waren auf dem Feld zu pflücken, die Hühner begannen wieder Eier zu legen und die neu geborenen Böckchen konnten geschlachtet werden (das Osterlamm ist ursprünglich ein Ziegenbock).

Aus diesen Verhältnissen erklären sich viele Bräuche, seien sie nun mit heidnischen oder christlichen Inhalten unterlegt. Ostern ist ein Fest der Freude! Ob die Frühlingsfeste eine Ostara als besondere Schirmherrin hatten, sei den Anhängern der verschiedenen Ansichten und Religionen überlassen.

Dazu wäre eine kurze Erläuterung dienlich zu der Bemerkung aus dem Vorwort: „… eine religiöse Ansicht über eine solche Göttin braucht nicht unbedingt die hier angebotenen Informationen".

Es mag aufgefallen sein, dass der Autor es vermieden hat eine Schlussfolgerung dahingehend niederzuschreiben, ob eine Göttin Eostre bzw. Ostara in heidnischen Zeiten verehrt wurde. Der wichtigste Grund dafür ist, dass es über die tatsächliche Praxis der heidnischen Germanen keine verlässlichen historischen Informationen gibt. Sicher, es gibt Mythen, Volkssagen, Brauchtum und äußerst spärlich historische Bemerkungen, das alles reicht aber nicht, um gesichert festzustellen, dass irgendwelche Germanen zu einer bestimmten Zeit diese Göttin anbeteten und ihr opferten. Für eine heidnisch-religiöse Akzeptanz Ostaras ist historische, mythologische oder sonstige wissenschaftliche Forschung sowieso ungeeignet – generell ist kein Gott und keine Göttin auf diesem Weg beweisbar, unabhängig davon, um welche Religion es sich handelt. Dafür braucht man keine Wissenschaft, dafür braucht man Glauben.

Abschließend noch etwas zum Überdenken:

Zur Zeit Karls des Großen wurden im Zug der Christianisierung ein Großteil heidnischer Artefakte und Kultstätten zerstört oder auf irgendeine Weise vereinnahmt. Das waren insbesondere solche, die regional bekannt oder deutlich erkennbar waren. Lokale Kultplätze, die auf Grund ihrer natürlichen Gegebenheit ausgewählt worden waren, gerieten anscheinend nicht ins Visier der Kirchenoberen. Im Zusammenhang mit den Beschreibungen solcher Plätze in der Literatur der Renaissance und verstärkt der Romantik, kann man sich ernsthaft fragen, ob die Zerstörung in manchen Fällen, die z. B. mit einem Bedarf an Baumaterial begründet wurde, nicht doch auch einen ähnlichen Hintergrund hatte. Die Frage nach einer christlich-kirchlichen Einflussnahme darf man sich auch stellen bei Berichten über das Verlorengehen von Funden oder Artefakten aus heidnischer Zeit nach dem Mittelalter.

Dank geht an ...

Forschen und Schreiben über Ostara stand schon seit 2007 auf meiner Projektliste und seitdem fing auf ruhige und entspannte Weise auch der Prozess der Quellensuche an. Das konnte gemächlich voran gehen, denn es gab keinen Stichtag oder Abgabetermin.

Als dann ein Langzeit-Projekt mit der Veröffentlichung meines auf Englisch geschriebenen, zweibändigen Werks „Gods of the Germanic Peoples" abgeschlossen war, suchte ich auf meiner Aufgabenliste nach einem kleinen Vorhaben, das nicht so viel Zeit kosten würde. Das wurde dann das Thema Ostara ... und das hat dann doch noch reichlich mehr Zeit gekostet als gedacht.

Die Arbeit begann, die gesammelten Quellen wurden (wieder) gelesen und das Schreiben fing an. Dabei intensivierten sich auch Kontakte mit verschiedenen Facebook-Freunden, die zusätzlich einige Beiträge lieferten.

Ich möchte **Helga Sagen** danken für ihren Beitrag, der mich zu neuen Überlegungen führte, die dann verarbeitet wurden. Zuvor hatte sie selber auch schon um Eostre geforscht und bietet ihre Ergebnisse (auf Englisch) auf ihrer Webseite an:

http://piereligion.org/easter.html

Auch möchte ich meiner Autorenkollegin **Carolyn Emerick** danken, siehe:

http://www.carolynemerick.com/

die aus mehreren Büchern Teile über Brauchtum und Folklore um Ostern in England für mich einscannte und mir zuschickte.

Die Verantwortung für die Korrektur meiner vielen Fehler in Rechtschreibung, Grammatik und klarem Formulieren habe ich in völligem Vertrauen meiner Gattin **Hannelore Goos** überlassen, die dasselbe auch schon bei meinen vorherigen deutschen Veröffentlichungen erledigte – auch durch ihre eigenen Publikationen hat sie darin Erfahrung, siehe die Aufstellung ihrer Bücher an der linken Seite auf **http://www.sonnenastro.de/**

Osterbrunnen in Mudau, Baden-Württemberg

Quellen

Bildverzeichnis

S. 6: Eostre – Ostara „The Dawn Bringer" von Pollyanna Jones. aus: Gods of the Germanic Peoples 2, S. 427.

S. 8: „De temporum Ratione", Eröffnungsseite, http://special.lib.gla.ac.uk/exhibns/month/jan2001.html

S. 15: Beda Venerabilis. https://commons.wikimedia.org/wiki/File:Nuremberg_Chronicle_Venerable_Bede.jpg

S. 16: Anfang von Bedas Beitrag zu den angelsächsischen Bußbüchern. https://commons.wikimedia.org/wiki/File:S%C3%A9lestat_132,_fol._96v.jpeg

S. 19: Jacob Grimm. Source: https://en.wikipedia.org/wiki/Jacob_Grimm

S. 24: Ostara von Johannes Gehrt, 1884. Aus: Dahn, Felix und Therese: Walhall. Leipzig, 1903.

S. 27: Denkmal Kaiser Karls des Großen auf der Alten Brücke in Frankfurt, Jakob Fürchtegott Dielmann (1809–1885). Datum: circa 1845. Source: Historisches Museum Frankfurt. http://commons.wikimedia.org/wiki/File:Karl_der_Grosse_Alte_Bruecke_Frankfurt.jpg

S. 29: Votivaltar für die Austriahena Matronen. Aus: Gods of the Germanic Peoples 1, S.86.

S. 32: Die Hindu-Göttin Ushas wird auf dieser Holzskulptur aus dem 18. Jahrhundert vermutet. http://crossfish.rssing.com/chan-1177470/all_p12.html

S. 37: Eos, die griechische Göttin der Morgenröte. https://commons.wikimedia.org/wiki/File:Eos.jpg, gemeinfrei.

S. 38: Votivaltarstein der Göttin Hurstrga. Aus: Gods of the Germanic Peoples. From Roman Times to the Viking Age 1, S. 289.

S. 40: Zeichnung des Ostasteins. http://www.hoefingen.net/suentel/home-sue7.htm.

S. 43: Fragment aus Dissertatio de statua illustri Harminii von Ernst Casimir Wasserbach, 1698.

S. 44: Titelseite der „Schatkamer der Nederlandsse Oudheden" von Ludolph Smids, 1711.

S. 45: Titelseite von „Nobilissimo Veteris Germaniæ Populo Libri Duo" von Schildius de Chaucis.

S. 47: Seite aus Mushards Buch „De Ostera Saxonum", 1700.

S. 48: Titelseite von Theodorus Hasaeus' Buch „De Saxonum idolo Ostera, 1725.

S. 50: Alte Ansichtskarte von Osterode.

S. 52: Bild der Externsteine um 1890–1900. Title from the Detroit Publishing Co., catalogue J--foreign section. Detroit, Mich. : Detroit Photographic Company, 1905. Public domain.

S. 54: Titelseite von Daniel Eberhard Barings Buch „Descriptio Salae", 1744.

S. 56: Titelblatt des Zedler-Lexikons. http://commons.wikimedia.org/wiki/ File:Zedler_-_Universal-Lexicon,_Band_1_%28Titelblatt%29.jpg

S. 58: Anfangsseite aus Valvasors „Die Ehre des Herzogthums Crain", 1689.

S. 59: Der Hochstein oder Sibillen-Stein bei Elstra. https://commons.wikime- dia.org/wiki/File:HochsteinFelsen.jpg. Copyright: SchiDD. Veröffentlicht unter Creative Commons Attribution-Share Alike 3.0 Unported.

S. 61: Burgruine Regenstein bei Blankenburg. https://commons.wikimedia.org/wiki/File:Burgruine_Regenstein_neu.jpg. Copyright: Lencer. Freigegeben für jede Form der Nutzung.

S. 63: Seite aus Montanus' Buch „„Die deutschen Volksfeste, Volksbräuche und deutscher Volksglaube in Sagen, Marlein und Volksliedern", 1854.

S. 66: Westwerk Benediktinerabtei Corvey (karolingisch, gebaut 873–885) bei Höxter. https://commons.wikimedia.org/wiki/File:Corvey_Westwerk. png, Bild van Spunky, public domain.

S. 71: Heutige Reste der Osternsteine bei Gambach, Originalfoto vom 10.7.2015, GardenStone.

S. 73: König Aldfrith von Northumbria. http://metalarea.org/images/audio- covers/2013_Feb/acov_tid193312.jpg.

S. 76: Erörterung über die Herkunft Osteras aus „Historisch-dogmatische Abhandlung von den Fest- Feier- und Sonntagen", S. 35, von Dietrich A. von Stade 1795

S. 79: Titelseite von DE OVIS PASCHALIBUS. http://digital.wlb-stuttgart.de/sammlungen/sammlungsliste/werksansicht/?no_cache=1&tx_dlf[id]=5216&tx_dlf[page]=1.

S. 82: Osterfeuer im Göttinger Stadtteil Weende. Source: http://commons.wikimedia.org/wiki/File:Easter_Fire.JPG, owner: ElHeineken, released under the Creative Commons Attribution 3.0 Unported license.

S. 87: Heißwecken bzw. hot cross buns. https://commons.wikimedia.org/wiki/File:Hot_cross_bun.jpg. Copyright: Lausanne Morgan, U.S. Air Force. Public domain.

S. 89: Dekorierte Ostereier. https://commons.wikimedia.org/wiki/File:Ostereier_9.JPG. Copyright: L.Kenzel. Veröffentlicht unter der Creative Commons Attribution 3.0 Unported Lizenz.

S. 90: Bodenaltar für ein heidnisches Ostarafest aus heutiger Zeit. Originalfoto von GardenStone.

S. 92: Eine Schuhspende, bitte, für die Osterfeier. Reinsberg-Düringsfeld, Otto Freiherr von, Aberglaube – sitte – Feste Germanischer Völker. Das festliche Jahr, S. 151. In a reprint from the original, Leipzig, 1898.

S. 93: Hasenpastete (Englisch: Hare pie). http://www.historicfood.com/Pie%20recipe2.htm.

S. 98: Osterbrunnen in Mudau, Baden-Württemberg. http://commons.wikimedia.org/wiki/File:Osterbrunnen_Mudau_01.JPG, owner: Immanuel Giel. The copyright holder of this work released this work into the public domain.

Bücher

Baring, Daniel Eberhard, (Danielis Eberhardi Baringii), Descriptio Salæ principatus Calenbergici locorumque adiacentium Oder Beschreibung der Saala im Amt Lauenstein des Braunschweig-Lüneb. Fürstenthums Calenberg und aller in dieselbe fliessenden Quellen und Bäche, Lemgo 1744.

Bede, The Reckoning of Time, Translated with commentary by Faith Wallis, Liverpool 1999.

Carver, Martin, (Ed.) Sanmark, Alex, (Ed.) Semple, Sarah, (Ed.), Signals of Belief in Early England. Anglo-Saxon Paganism Revisited, Oxford (UK) 2010.

Christian, Roy, Country Life Book of Old English Customs, London 1966.

Clostermeier, Christian Gottlieb, Der Eggesterstein im Fürstenthum Lippe: eine naturhistorische und geschichtliche Monographie, Lemgo 1848.

Dorow, Dr., Die Denkmale germanischer und römischer Zeit in den Rheinisch-Westfälischen Privinzen, Stuttgart und Tübingen 1823.

Einhard, Vita Karoli Magni. Das Leben Karls des Großen, Lateinisch-Deutsch, Übersetzt von Evelyn Scherabon Firchow, Stuttgart 1968–1981.

Ernesti, Johann, Heinrich, Martin, Miscellaneen zu deutschen Alterthumskunde, Geschichte und Statistik, Halle 1794.

Fiske, John, Myths and Myth-Makers old tales and superstitions, interpreted by comparative mythology, Petersham 1872.

GardenStone, Gods of the Germanic Peoples. From Roman Times to the Viking Age, vol. 1 and 2, Norderstedt 2014.

GardenStone, Der Nerthus-Anspruch, Norderstedt 2011.

Geißler, Dr. Horst, Repetitorium der deutschen Literaturgeschichte, Weimar 1917.

Gilst, Aat van, Wijze vrouwen en godinnen, Soesterberg 2014.

Grimm, Jacob, Deutsche Mythologie, Bände 1, 2 und 3, Reprint der Ausgabe von 1875–78, Wiesbaden 1992.

Hase, Theodor, de saxonum idolo Ostera. In: Bibliotheca historico-philologico-theologica. Classis Octavae Fasciculus Primus, Bremen 1725.

Hazlitt, W. Carew, Faith and Folklore of the British Isles, 2 volumes, New York 1965, in a reprint of the 1905 edition.

Hocker, Nikolaus, Deutscher Volksglaube in Sang und Sage, Göttingen 1853.

Klemm, Dr. Gustav Friedrich, Handbuch der Germanischen Alterthümer, Dresden 1836.

Letzner, Johannes, Historia S. Bonifacij. Der Teutschen Apostel genandt. Hildesheim 1602.

Looijenga, Tineke, The Bergakker Find and its Context. In: Pforzen und Bergakker. In; Neue Untersuchungen zu Runeninschriften, (hg.) Bammesberger, Alfred, S. 145–147, Göttingen 1999.

Meyer, Elard Hugo, Volkskunde. Geschichte der deutschen Lebensweise und Kultur. Reprint from the original from Strassburg 1898.

Montanus, (Zuccalmaglio, Vincenz Jacob von), Die deutschen Volksfeste, Volksbräuche und deutscher Volksglaube in Sagen, Märlein und Volksliedern. ein Beitrag zur vaterländischen Sittengeschichte, vol. 1, Iserlohn und Elberfeld 1854.

Münchhausen, Karl, Freiherrn von, Wold und Ostar, zwei altdeutsche Gottheiten. In: Gräter, F.D., Bragur und Hermode, oder Neues Magazin für die väterländischen Alterthümer, Leipzig 1798.

Mushard, Luneburg, M., De Ostera Saxonum, Bremen 1700.

Page, R.I., Anglo-Saxon Paganism: The Evidence of Bede. In: Pagans and Christians, edited by T. Hofstra and others, pp. 99–129, Groningen 1995.

Pegg, Bob, Rites and Riots. Folk customs of Britain and Europe, Poole 1981.

Perger, Anton von, Deutsche Pflanzensagen, Stuttgart 1864.

Piderit, Johann, Chronicon Comitatus Lippiae, Das ist: Ejgentliche Vnd Auszführliche Bescheibunge Aller Antiquiteten vnd Historien der Vhralten Graffschafft Lipp, Rinteln an der Weeser 1627.

Pollington, Stephen, The Elder Gods. The Otherworld of Early England, Little Downham 2011.

Porter, Enid, Folklore of East Anglia, Batsford 1974.

Pröhle, Heinrich, Harzsagen, Band 1, Leipzig 1859.

Reinsberg-Düringsfeld, Otto Freiherr von, Aberglaube–Sitte–Feste Germanischer Völker. Das festliche Jahr. Reprint der Originalausgabe, Leipzig 1898.

Schaumann, A.F.H., Geschichte des niedersächsischen Volkes, Göttingen 1839.

Schildii De Caucis, Joannis, Nobilissimo Veteris Germaniæ Populo Libri Duo, Aurich Tapper 1742.

Shaw, Philip A., Pagan Goddesses in the Early Germanic World. Eostre, Hreda and the Cult of Matrons, London 2011.

Simpson, Jacqueline, The Folklore of Sussex, Batsford 1973.

Slocum. Jonathan, An Anglo-Saxon Dictionary, University of Texas, Linguistics Research Center in The College of Liberal Arts, Austin 2009.

Smids, Ludolph., M.D., Schatkamer der Nederlandsse Oudheden, Amsterdam 1711.

Stade, Dietrich A. von Historisch-dogmatische Abhandlung von den Fest- Feier- und Sonntagen, Bremen 1795.

Stübner, Johann Christoph, Merkwürdigkeiten des Harzes überhaupt und des Fürstenthums Blankenburg, Band 1, Halberstadt 1793.

Valvasor, Johann Weichard von, Die Ehre des Herzogthums Crain", Lanbach 1689.

Vulpius, Christian August, Curiositäten der physisch literarisch artistisch historischen Vor- und Mitwelt, Band 2, S. 458f., Weimar 1812.

Wasserbach, Ernst Casimir, Dissertatio de statua illustri Harminii, Lemgo 1698.

Wilson, David, Anglo-Saxon Paganism, London 1992.

Wolf, J.W., Beiträge zur deutschen Mythologie 1: Götter und Göttinnen, Göttingen – Leipzig 1853.

Zautner, Andreas E., Der gebundene Mondkalender der Germanen, Leipzig 2013.

Zedlers, Johann Heinrich, Grosses vollständiges Universal-Lexicon aller Wissenschaften und Künste, vol. 24, p.1114, 2201, Halle und Leipzig 1731–1754.

Webseiten

http://www.hoefingen.net/suentel/homesue7.htm

http://www.legendsofeostra.com/meet-eostra-rabbit/

http://www.brauchtumsseiten.de/a-z/o/ostara/home.html

Altenglisches Wörterbuch (Old English Dictionary)
http://www.koeblergerhard.de/aewbhinw.html

Der Eggesterstein im Fürstenthum Lippe.pdf http://digital.ub.uni-pader-born.de/download/pdf/1002405?name=Der%20Eggesterstein%20im%20F%C3%BCrstenthum%20Lippe 37 [19] – §. 6.

Von der Verehrung der Göttin Easter oder Eostra am Eggestersteine insbesondere. UB Digital–Digitale Sammlungen
http://digital.ub.uni-paderborn.de/ihd/content/pageview/1119164

Council of Austerfield – Wikipedia, the free encyclopedia http://en.wikipedia.org/wiki/Council_of_Austerfield

Ostern in Deutschland
http://www.german-easter-holiday.com/ostern-osterfest/ostern/

Easter, Eostre, or Ishtar?
http://www.jonsorensen.net/2012/04/04/easter-eostre-or-ishtar/

Myths and myth-maker http://stacklife.harvard.edu/item/myths-and-mythmakers/9B9E305F-F069-C241-88EF-35CDAD6973FF

Die Externsteine – ein Aufbewahrungsort für Missetäter ? Heimat Lipperland http://heimat.lippe-owl.de/die-externsteine-ein-aufbewahrungs-ort-fuer-missetaeter/

Sagen und Geschichten http://www.hoefingen.net/suentel/homesue7.htm

„an dem ostersteynen" http://www.lagis-hessen.de/de/subjects/idrec/sn/fln/id/664103

http://www.havausave.de/osterstein.htm

http://www.hvv-hoexter.de/wp-content/uploads/2010/08/Das-Blutbad-von-Hoexter.pdf

http://www.catholic.org/encyclopedia/view.php?id=4116

Stichwortverzeichnis

Wilde Jagd und Wütendes Heer

In vielen Ländern und seit langer Zeit wird berichtet über nächtliche Phänomene, die vor allem in der dunklen Jahreszeidie Menschen mit Furcht und Schrecken erfüllten. In Europa sind diese Erscheinungen als Wilde Jagd oder Wütendes Heer bekannt, zuweilen soll auch ein Wilder Jäger oder eine Wilde Jägerin mit Gefolge ihr Unwesen treiben. Die Jagd findet am Himmel statt, häufig verbunden mit tobenden Stürmen. Besonders aus dem Mittelalter gibt es Berichte, dass durch sie auch Menschen zu Schaden gekommen sind. In älterer Literatur steht auch, dass es sich bei ihrem Anführer um den germanisch-heidnischen Gott Wodan (Odin) handeln soll. In diesem Buch werden sehr viele der historischen Berichte herangezogen, besprochen und auf ihre Bezüge zur germanischen Religion geprüft. Auch die überlieferten Sagen kommen nicht zu kurz. Auf diese Weise kann der Leser sich in Form eines Streifzugs durch Jahrhunderte und Länder selbst ein Bild machen.

248 Seiten (Paperback)
mit 53 Farb- und 47 schwarz-weiß Bildern
ISBN: 978-3-8482-2581-1

Gods of the Germanic Peoples –
From Roman times
to the Viking Age

Nach einem längeren Einführungskapitel, das viele Hintergrundinformationen enthält, bietet das zweibändige Werk alphabetisch gelistete Informationen über mehr als 270 Gottheiten der Germanen und deckt die Zeit von der Römerzeit bis zur Wikingerzeit ab. Die wissenschaftlichen Informationen werden mit vielen neuen ‚Mythen' und eine Fülle von Illustrationen begleitet. Alles zusammen bietet das englischsprachige Werk eine lebendigere Präsentation als nur trockene wissenschaftliche Informationen es bieten könnte.

Band 1: 328 Seiten, 45 Farb- und 60 schwarz-weiß Bilder
ISBN: 978-3-7347-3201-0

Band 2: 311 Seiten, 42 Farb- und 41 schwarz-weiß Bilder
ISBN: 978-3-7347-3201-0

DER NERTHUS-ANSPRUCH

Aus der Germania von Tacitus kennen wir den Namen Nerthus, eine Göttin, die von sieben kleineren Germanenstämmen verehrt worden sein soll. Es gibt aber viele Fragezeichen zu dieser Göttin, auf die dieses Buch eingeht. Teilweise wird dabei auch mit älteren Sichtweisen abgerechnet.

164 Seiten, ca. 35 Bilder – ISBN: 978-3-8423-6721-0

DER MERKUR – WODAN KOMPLEX

War der Gott, den Tacitus Merkur nannte, wirklich Wodan? Die Herleitung dieser Annahme wird mit Hilfe der vorhandenen historischen Quellen geprüft – das Ergebnis begründet schwerwiegende Zweifel an einer festsitzenden Sichtweise; es erfordert die Bereitschaft komfortable und ausgetretene Pfade zu verlassen.

176 Seiten, ca. 60 Bilder – ISBN: 978-3-8482-0044-3

Weitere Bücher von GardenStone:

– Die Rückkehr der Göttin Nehalennia - 340 Seiten. Es gibt eine Farb-Ausgabe (gebunden) und eine broschierte (schwarz-weiß).
– Göttin Holle - 236 Seiten, ca. 42 Bilder, 11 farbig
– Nebelhexen - Leben zwischen Dies- und Jenseits - 160 Seiten, ca. 35 Bilder
– Aus GardenStones Schatzkiste 1 - 196 Seiten, 23 Bilder
– Germanischer Götterglaube - 544 Seiten

Alle Bücher können auch signiert beim Autor bestellt werden auf:

www.hg-shop.eu